CHIEN
LUNATIQUE

Vire-sur-Lot

Contrairement à Gérard Depardieu, dois-je quitter la France ？
Exil littéraire au Burkina Faso pour les écrivains ？

Les conséquences des politiques d'Aurélie Filippetti, Martin Malvy, Gérard Miquel, François Hollande et les autres

Du même auteur*

Certaines œuvres sont connues sous différents titres.

Romans

La Faute à Souchon : (Le roman du show-biz et de la sagesse)
Quand les familles sans toit sont entrées dans les maisons fermées
Liberté j'ignorais tant de Toi (Libertés d'avant l'an 2000)
Viré, viré, viré, même viré du Rmi !
Ils ne sont pas intervenus (Peut-être un roman autobiographique)

Théâtre

Neuf femmes et la star
Les secrets de maître Pierre, notaire de campagne
Ça magouille aux assurances
Chanteur, écrivain : même cirque
Deux sœurs et un contrôle fiscal
Amour, sud et chansons
Pourquoi est-il venu :
Aventures d'écrivains régionaux
Avant les élections présidentielles
Scènes de campagne, scènes du Quercy
Blaise Pascal serait webmaster
Trois femmes et un Amour
J'avais 25 ans
« Révélations » sur « les apparitions d'Astaffort » Brel Cabrel

Théâtre pour troupes d'enfants

La fille aux 200 doudous
Les filles en profitent
Révélations sur la disparition du père Noël
Le lion l'autruche et le renard,
Mertilou prépare l'été
Nous n'irons plus au restaurant

* extrait du catalogue, voir page 308

4

Stéphane Ternoise

Contrairement à Gérard Depardieu, dois-je quitter la France ? Exil littéraire au Burkina Faso pour les écrivains ?

Les conséquences des politiques d'Aurélie Filippetti, Martin Malvy, Gérard Miquel, François Hollande et les autres

Jean-Luc Petit éditeur - Collection Essais

Stéphane Ternoise versant essayiste:

http://www.essayiste.fr

Tout simplement et logiquement !

Contrairement à Gérard Depardieu, dois-je quitter la France ? Exil littéraire au Burkina Faso pour les écrivains ?

Publié uniquement en numérique le 13 mars 2013, ce SOS resta invisible. Quelle grande démocratie que cette France où l'oligarchie contrôle l'opinion, laisse en marge, sans la moindre commission de censure, ce genre de document. Janvier 2014, édition revue et sortie en papier...

Lectrices et lecteurs ignorent presque tout de la vie réelle des écrivains. Ils doivent se contenter de la communication officielle, où l'écrivain, même « label engagé », évite d'aborder les sujets qui pourraient fâcher les éditeurs… Dans les salons du livre, en off, les auteurs se lâchent, parfois… Afin de vous permettre de comprendre comment un écrivain se retrouve, en 2013, à devoir quitter la France pour continuer d'écrire, je vous présente donc le monde de l'édition, avec le poids des politiques, le choc des Malvy, Filippetti, en passant par Gérard Miquel, François Hollande et leurs épigones, et un peu celui de la chanson, car avec plus de six cents textes à la sacem, dans un système ouvert mes droits pourraient dépasser les miettes que la vénérable société de Neuilly parvient le plus souvent (naturellement en toute légalité) à ne pas me verser !
J'avais l'intention de balancer un petit fascicule de combat pas plus épais que du Hessel et près de 60 000 mots ont jailli, la taille dite classique d'un roman. Oui, il s'agit en fait presque d'un roman, celui de la confiscation par des oligarchies de notre chère exception culturelle…

Pigeonnier Entrée Cahors Nord

Dédicaces

« Vivre de sa plume est une entreprise monstrueuse de folie. »
Balzac, *lettre à l'étrangère* (Mme Hanska), 1ᵉʳ juillet 1843.

« J'aime l'idée qu'on peut faire de l'art sans moyens. »
Aurélie Filippetti, décembre 2011.

« Pourtant, je crois qu'une industrie culturelle aussi complexe que la vôtre [l'édition] *ne pourra pas reposer sur ce nouveau modèle* [l'auto-édition]. *Je ne partage pas ce point de vue* [le contact direct du site de vente avec les auteurs] *et je crois qu'il est utopique. »*
« L'écrivain ne naît qu'au travers du regard de l'éditeur. »
« C'est l'éditeur qui fait la littérature. »
Aurélie Filippetti, ministre de la Culture, juin 2012

« (l'auto-édition est riche de promesses) »
Aurélie Filippetti, sur twitter, février 2013

« Du moment qu'un homme avait le courage de rejeter ce que la société lui imposait, il pouvait vivre comme il l'entendait. Dans quel but ? Pour être libre. Mais libre dans quel but ? Dans le but de lire des livres, d'en écrire, de penser. »
Brooklyn Folies, de Paul Auster, en 2005 (selon la traduction en français de Christine Le Boeuf)
http://www.libertes.tk

9

« *Où se situe la ligne de partage entre le compromis acceptable et l'inadmissible compromission ?* »
Jack-Alain Léger, *Ma vie (titre provisoire)*, 1997, chez *Salvy*.

Finalement dédié à Vincent Maraval pour sa tribune "*Les acteurs français sont trop payés !*", Gérard Depardieu pour avoir joué gratuitement dans "*Mammuth*" (film dont j'ignorais l'existence avant le papier du précédent) et Alain Bénéteau jadis Président du CRL Midi-Pyrénées.

Au-delà des informations sur l'état de l'édition en France, il s'agit bien, pour moi, d'une occasion de vous présenter mon catalogue. http://www.utopie.pro vous permet de vous y orienter, entre romans, essais, pièces de théâtre, guides, photos...

Avant propos : Un échec évident...

J'ai échoué, dans le sens social du terme : malgré l'ancienneté et la constance de ma démarche indépendante, malgré des romans, essais, pièces de théâtre, livres d'art, mes ventes demeurent nettement insuffisantes et je ne suis pas même interrogé sur l'auto-édition par nos journalistes, pas plus par les blogueurs : un écrivain invisible (ou : tous ont des amis ou relations à portée de mail ?).
Exit l'auteur du « *manifeste de l'auto-édition* » et du « *guide de l'auto-édition numérique* » !

J'ai peut-être dérangé trop de monde avec une vision trop militante de l'édition indépendante (www.auto-edition.com).
Même mon assignation au TGI de Paris, par une société du compte d'auteur, qui exigeait le retrait de pages d'informations de mes sites, ne fut pas couverte. Devant cette réalité financière qui m'amène à sérieusement considérer l'exil, il me reste néanmoins la liberté, celle de l'écrit, sans le souci de plaire aux subventionneurs, ces notables qui tiennent une bourse et autres avantages ou récompenses devant le nez des écrivains.

Car il s'agit "simplement" d'une équation sociale : où vivre avec le peu de revenus généré par ma littérature. Aucune intention de cesser d'écrire ou d'offrir ma plume à l'oligarchie !

Même si nos encensés donnent surtout l'impression de courir après les honneurs, historiquement un écrivain se confronte à son époque. Il n'y a plus d'écrivain en France, osent penser certains (peut-être même François Busnel quand il part aux États-Unis interroger « *les derniers fous* », les descendants des Balzac, Hugo…). Ma défaite sociale n'est donc guère surprenante (on ne doit pas ignorer les us et coutumes qui régissent un milieu !), même si l'échec littéraire seul prime dans ce domaine, à long terme. Mais l'échec social peut compromettre ma fin de vie, qui devrait constituer ma meilleure période, logiquement ! Car « il faut bien bouffer » ! Je ne demande d'ailleurs guère plus, acceptant de vivre de très peu, sous le seuil de pauvreté nationale.

La révolution numérique me permet, malgré tout, de déposer ce témoignage. Aux écrivains qui gémissent dans la « voie traditionnelle », déplorent des droits d'auteur dérisoires, conseillez ce livre, qu'ils comprennent enfin que c'est leur soumission qui permet au système des majors du livre d'asseoir leur pouvoir. J'ai rêvé d'une grande révolte dans « *la grève générale des écrivains* » mais en ce début 2013 mes chers collègues pensent à leur accréditation au salon du livre de Paris, organisé par le SNE, le Syndicat des éditeurs. Tant que les éditeurs parviendront à en tenir 99%, en leur faisant miroiter la possibilité de gagner le grand lot de la médiatisation et des récompenses, les écrivains souffriront… J'ai essayé, en vain, de conceptualiser la réappropriation par les créateurs des revenus nés de leur travail…

Un album intitulé « *vivre autrement (après les ruines)* » (production vraiment indépendante, www.chansons.org, avec la participation de six interprètes-compositeurs, deux chanteuses et quatre chanteurs), le lancement d'une galerie de photos d'art (www.galerie.me) accompagnée de la sortie de plusieurs livres numériques, cet essai www.essayiste.net et un roman, le sixième roman, www.romancier.net. Aucunement l'intention de me tourner les pouces durant ces probables derniers jours sur le territoire français. Des billets de loterie, où "le gros lot", certes dérisoire mais suffisant, s'obtient en vendant mille exemplaire par mois ! S'il me faut partir, l'Histoire retiendra peut-être ces ultimes tentatives, tandis que madame Aurélie Filippetti semble être considérée comme une belle réussite française d'une romancière engagée et monsieur Martin Malvy (dont vous pourrez juger la pertinence de la position via sa réponse…) peut ignorer ma profession sans craindre les foudres médiatiques.

Un écrivain invisible devrait se suicider devant le bureau de monsieur Martin Malvy ? Non, car le but n'est pas d'intéresser les médias mais de vivre, pour avancer le plus loin possible dans l'œuvre…

Stendhal a continué d'écrire, malgré l'indifférence de son époque, persuadé qu'une cinquantaine d'années après sa mort son talent serait reconnu… J'espère un jour pouvoir vivre décemment de mes écrits, en France. Tout créateur doit apprivoiser l'échec pour trouver sa voie. Mais naturellement le système fonctionne sur la gloire des "jeunes talents."

Moulin de 1828 du Mas de la Bosse
Promilhanes

Présentation courte

Est-ce qu'un écrivain peut vivre de ses ventes en France ? Doit-il plutôt "faire carrière", publier chez des notables pour un jour accéder à la mondanité, monnayer son audience ès « chroniqueur » ? Doit-il se taire et se soumettre à un système confisquant 90% des revenus des écrits, avec des éditeurs tranquillement installés dans le club des grandes fortunes de France ?

Tout écrivain qui ose l'indépendance est condamné à quitter le pays dit de la liberté et de l'égalité (ne parlons même pas de fraternité dans la région dirigée depuis 1998 par monsieur Martin Malvy) ?

Que font les Torreton de la terre quand il s'agit des écrivains dont le revenu peut permettre une vie décente au Burkina Faso ? De nombreux créateurs tiennent grâce aux subventions, octroyées par une oligarchie au service d'un univers littéraire contrôlé par quelques grands groupes. Il faut plaire aux maîtres, soutenir leur système, sinon la machine à marginaliser vous broie...

J'ai choisi de vivre de peu pour essayer de tenir mais il arrive un moment où l'épuisement et la réalité économique peuvent emporter le travailleur indépendant. La France fut un pays d'espoirs, elle devient le royaume des oligarchies. Lectrices, lecteurs, vous êtes concernés : vos achats peuvent transformer l'utopie de l'indépendance en voie vivable, ici et maintenant. Ou il nous faudra partir. Cette France figée de 2013 volera un jour en éclat mais pour certains, il s'agit de s'engraisser au maximum, « faire carrière. » Leur fortune leur permettra de "rebondir ailleurs." Je rêve d'une révolution numérique, ici et maintenant. Une vraie révolution, pas le simple passage du papier à l'ebook avec les mêmes mœurs.

Ce texte est presque un roman, celui d'une utopie dans un univers cadenassé, d'un échec social, peut-être la seule solution en France pour bâtir des cathédrales, une œuvre.

Présentation générale

Je pose le sixième roman (physiquement même : les feuilles s'éparpillent aux pieds du lit), et j'essaye de résumer Aurélie Filippetti, Martin Malvy, Gérard Miquel dans une société où « *c'est l'éditeur qui fait la littérature* », avec Antoine Gallimard, Arnaud Lagardère, Francis Esménard et Hervé de La Martinière parmi les grandes fortunes.

Même en acceptant de vivre sous le seuil de pauvreté, 2013 s'annonce presque intenable... Et si, malgré un travail littéraire reconnu, continu, une forte implication dans le livre numérique, l'écrivain vacille au bord du gouffre, c'est aussi une conséquence de la politique culturelle du pays : le club des grandes fortunes de France compte quelques éditeurs et madame Aurélie Filippetti n'hésite pas, du haut de sa fonction, à dénigrer la voie de l'indépendance.

Si un écrivain vraiment indépendant et sans copain à l'intérieur de ces rédactions pouvait accéder à *Libération*, *Le Monde* ou *Le Nouvel Observateur*, j'aurais proposé un résumé....

Quels sont les réels problèmes ? La discrimination, la ghettoïsation de tout écrivain indépendant. La France reconnait le statut d'auteur-éditeur mais l'existence de cette profession libérale semble intolérable aux « éditeurs traditionnels » et aux politiques. Tout est mis en œuvre pour notre disparition. Avec le livre en papier, il fut simple de nous bloquer l'accès aux 25 000 points de vente : quelques structures liées aux principaux groupes d'édition, contrôlent la distribution ; pour l'ebook, la reproduction de ce modèle ayant échoué (malgré l'engagement de François Fillon), cet essai obtiendra une petite visibilité mais infime par rapport aux textes publiés par « *les grandes maisons parisiennes* ». Alors que ces mastodontes sont irrigués d'argent public, l'auteur-éditeur subit une flagrante et intolérable distorsion de concurrence en devant vivre uniquement de ses ventes, sans médias, naturellement amis des prestigieuses écuries. Il survit.

Je terminais un sixième roman, attendu par la petite poignée de lectrices et lecteurs qui me suivent vraiment, quand l'épisode Gérard Depardieu m'accapara. L'arbre qui refuse de cacher la forêt des subventionnés !…

Au-delà du grotesque d'attaquer l'acteur quand des Hersant, Badin (Carrefour), Berda (AB Groupe), Bich (Groupe Bic), Darty, Dubrule (Groupe Accor), Ducasse (cuisinier), Mulliez (Auchan, Décathlon, Norauto, Kiabi), Peugeot et compagnies ont choisi Monaco, la Belgique ou la Suisse sûrement pour des raisons climatiques, l'arrogance des subventionnés aurait mérité un pamphlet. Mais l'heure est bien plus grave : un cri d'alarme dans le désert, un département, une région et un pays où "la gauche" dirige "la culture" en parfaite osmose avec les puissants, sourde, arrogante, imbue de ses privilèges. Pourtant nous ne sommes pas nombreux à réclamer la démission d'Aurélie Filippetti, **passée de romancière prétendue de la lutte contre les exploiteurs à ministre amie des éditeurs.**

Dans cette belle contrée de libertés, d'égalités et fraternités (à condition que ça ne remette pas en cause le business des installés) des notables viennent déclamer : *Nous qui vivons des subventions, devons participer à la solidarité nationale, pour éviter que l'on nous accuse de puiser dans les caisses et remette en cause nos avantages...* Un enjeu de société !

En claquant la porte des Torreton, Cabrel, Sardou ou Magyd, l'éternel complice de Patrick Dewaere aurait pu susciter un véritable débat sur les politiques culturelles. Le petit monde du cinéma essaye d'éteindre l'incendie. Nul ne souhaite qu'il se propage. Même les exclus des systèmes claniques se taisent, de peur de figurer dans les listes noires des insubventionnables (naturellement physiquement inutiles, tout argentier connaît les règles du système)…

Je dédie ce SOS, cette indignation, également à Milan Kundera et Pierre Desproges.
L'auto-édition nous vient du samizdat, cette nécessité dans les pays de l'Est quand le communisme interdisait l'écriture libre. L'auto-édition représente plus que jamais en France la voie de la liberté. Malheureusement, si durant sa jeunesse Milan Kundera fut un emblème du samizdat en Tchécoslovaquie, c'est chez Gallimard qu'il publie désormais. Ce qui peut se comprendre mais je le considère comme l'un des plus aptes à rejoindre ce combat du vingt-et-unième siècle.
Ce combat pour vivre de son travail est bien un combat pour la liberté.
Un réquisitoire comme l'aurait apprécie Pierre Desproges ? Lui qui écrivait dans « *vivons heureux en attendant la mort* » : « *Rarement, au cours de l'histoire du monde, une profession n'aura été autant controversée que celle d'éditeur. Aujourd'hui encore, on accuse les éditeurs d'exploiter les auteurs…*"

Stéphane Ternoise
Fin 2012 début 2013

Gariotte à Limogne en Quercy

Quand la gauche est au pouvoir, les artistes ferment leur gueule ?

Cette gauche "naturellement" du côté des créateurs, artistes, intellectuels... Vous y croyez encore ?

Cette gauche s'ébaudit de tous ses pouvoirs, le monde culturel étant prié d'applaudir, s'enthousiasmer du changement, sinon l'accusation de souhaiter le retour d'une mauvaise droite fusera. Je n'ai jamais soutenu l'UMP mais depuis avril 2002 je n'ai pas eu l'occasion de remettre un bulletin socialiste dans une urne. De gauche mais il ne faut quand même pas exagérer !

J'ai choisi de vivre dans le Lot. Depuis 1999 j'essaye de m'impliquer sur Internet, malgré des instances régionales et départementales sourdes aux réels besoins de cet engagement. Naturellement, dans ces zones où tant de personnes aimeraient pouvoir vivre, les panneaux « à vendre » se détachent parfois des maisons, d'usure. En guise de haut débit, nous avons fini par récolter la solution « Alsatis », une société toulousaine, un wifi des campagnes...

Naturellement, je n'ai jamais cru au changement dans le domaine culturel, je n'ai jamais cru que le corrézien Hollande opérerait une rupture d'avec les lotois Miquel et Malvy, l'un à la tête du conseil général, l'autre à la région. Il a même embarqué dans son gouvernement Sylvia Pinel, qui semble être une personnalité remarquable pour les journalistes du grand quotidien régional, certes dirigé par le patron du PRG, Parti Radical de Gauche, Jean-Michel Baylet.

Depuis une décennie, je dénonce la politique du Centre

Régional des Lettres, en proposant des changements. En 2004, Alain Bénéteau, alors président, eut une belle formule en reconnaissant « *nous ne pouvons probablement pas rester sur une situation non évolutive.* » Il ne fallait pas trop l'espérer porteuse d'espoir ! Depuis, la formulation anti-auto-édition fut adoucie mais l'orientation n'a pas dévié d'un degré. Naturellement, il n'y a peut-être aucun lien entre les deux « affaires » mais en mars 2010, l'avocat du Conseil Régional m'envoya une lettre recommandée pour m'interdire d'afficher le logo (et le nom de la marque !) du Conseil Régional sur conseil-regional.info, portail essayant d'observer les politiques régionales et relatant la politique menée par monsieur Malvy dans le domaine culturel...

Quant à mes relations avec le Conseil Général du Lot, elles passent par l'exclusion du Rmi, racontée dans « *viré viré, même viré du rmi* », et une totale indifférence départementale pour mon parcours, un récent échange avec monsieur Gérard Amigues constatant l'étendue du fossé entre un écrivain et un adjoint à la culture départementale (également notre représentant au Centre Régional des Lettres).

Un écrivain doit se faire bien voir des politiques ou peut-il écrire en pensant que la France reste un grand pays ? Il doit trouver un juste milieu : pas forcément prendre sa carte d'un parti mais témoigner régulièrement d'une grande allégeance (faire son Torreton pourrait devenir une expression du langage courant) ?

Comme ou contrairement à Gérard Depardieu ?

Le premier jet, en décembre 2012, s'intitulait « *Comme Gérard Depardieu, dois-je quitter la France ?* » Mais rapidement un "contrairement" s'immisça dans mes réflexions. Partir, c'est partir ! Pourtant, lui, c'est par choix, et si je pars, ce sera faute de pouvoir rester. Certes, dans les deux cas, le fonctionnement des subventionnements peut (devrait) être analysé. Gérard Depardieu n'est pas devenu l'acteur français le plus connu au monde grâce aux subventions mais est-ce le rôle de l'argent public de soutenir des projets rentables même sans ce financement ? Parfois, il suffirait de baisser le cachet des vedettes pour atteindre la rentabilité. L'argent public doit-il être ajouté là où sont déjà brassés des millions d'euros, là où certains obtiennent ainsi des revenus indécents ?

Pour les statistiques, le recensement, un départ c'est un départ. Mais l'Histoire différenciera l'émigration économique de l'exil fiscal.

Les plus riches se sentent redevable d'absolument rien au pays et les plus pauvres ne peuvent plus tenir. Les plus riches se jouent des frontières, les plus pauvres sont poussés vers la sortie. Les plus riches feront valoir leur nationalité française en cas de graves troubles dans leur quartier et demanderont à l'état de les renflouer si sombrait l'une des banques immatriculées dans l'hexagone où ils conservent des liquidités ?

Il ne peut pourtant pas être anodin qu'un président suscite une telle réaction dans les milieux culturels, de haut en bas. L'échec éthique de cette gauche restera encore longtemps un sujet tabou ? Aurélie F. est à ce point notabilisée qu'elle n'entend plus que les revendications des grands patrons ?

Limogne Dolmen du Lac d'Aurié

Stéphane Ternoise

Contrairement à Gérard Depardieu, dois-je quitter la France ? Exil littéraire au Burkina Faso pour les écrivains ?

Essai en six parties

I) Être écrivain indépendant en France

II) L'édition confisquée par quelques grands groupes, des familles remarquées dans les grandes fortunes de France

III) Un problème politique : le pouvoir des puissants lobbies…

IV) Quand une oligarchie gère sans vague un secteur : exemple de la chanson

25

V) Gérard Depardieu, le symbole qu'il ne faut surtout pas comprendre !

VI) Trouver la solution…

Annexe 1 : Échange avec monsieur Malvy Martin et autres explications

Annexe 2 : Lettre à madame Aurélie Filippetti

Annexe 3 : Une charte de qualité de l'auteur indépendant

Annexe 4 : Notes durant la rédaction de ce texte

I) Être écrivain indépendant en France

Comme un écrivain indépendant

L'auto-édition, c'est légal ! Donc il faut respecter les lois ! Même dans des guides de l'auto-édition (ou autopublication), certains préfèrent orienter les auteurs vers des « éditeurs 100% numériques », plutôt que de détailler la législation en vigueur. Ils ne la connaissent certes peut-être pas, faute d'avoir lu le livre de référence (voir www.auto-edition.com).

L'auto-édition, sans organisme représentatif, sans auteur médiatisé, se retrouve coincée, attaquée par l'édition traditionnelle et "la nouvelle économie", avec toujours la confusion entretenue par des gens très distingués d'avec le compte d'auteur.

Naturellement, pour les jeunes structures « *pure player* » (totalement numériques), l'auto-édition représente le premier adversaire : ils ne peuvent proposer aux habitués de l'ancienne économie une médiatisation identique à celle des mastodontes ; ainsi, même en accordant des droits d'auteur décents, éprouvent des difficultés à débaucher des écrivains qui préfèrent conserver 10% des revenus de ventes poussées par les médias plutôt que de tenter l'aventure même à 30 ou 40% avec un prestataire peu pourvu en relations ; leur terrain de chasse se limite donc encore le plus souvent aux autres, ceux tentés par l'auto-édition, soit dans mon approche, soit dans l'ersatz qui peut offrir une réelle visibilité, celle des plateformes qui tentent de s'imposer sur le modèle d'une vente des ebooks avec un seul intermédiaire (eux) entre les acheteurs et l'auteur (Amazon, Kobo, Itunes) ; cette formule présente des avantages mais même si les ventes se concentrent sur quelques plateformes, une présence sur le maximum de points de vente semble préférable, surtout quand cette possibilité existe à un tarif raisonnable, 10% de commissions, comme le pratique Immateriel.

Je ne suis pas certain que les utilisateurs de la plateforme d'autopublication d'Amazon Kindle remplissent l'intégralité des obligations légales de leur statut d'auteur-éditeur !…

La loi française permet à un écrivain d'être son propre éditeur, une profession libérale, auteur-éditeur. Il paye ses cotisations URSSAF, RSI mais quand le conseil régional alloue des bourses de 8200 ou 8000 euros, il en exclut d'une petite phrase l'indépendant en exigeant « *l'auteur doit avoir publié au moins un livre à compte d'éditeur (sous forme imprimée)* » Devrais-je "sacrifier un livre" en le proposant, l'accordant à un éditeur ? Je le vivrais comme une perte de crédibilité par rapport à mes convictions. Devrais-je un jour en arriver là ?

Ces sommes, seuls des auteurs inféodés aux éditeurs

traditionnels peuvent y prétendre. Ils ne s'en gênent pas !
La mission culturelle des politiques consiste donc à tendre
quelques carottes aux écrivains afin qu'ils ne dénoncent
pas publiquement un système injuste, des lois écrites par
les éditeurs, pour les éditeurs ? (pour reprendre
l'expression d'un député) Naturellement, l'ensemble de la
politique régionale suit l'esprit de cette concurrence
déloyale écrite. Certains écrivains indépendants participent
à quelques salons, quand ils n'ont pas la prétention de
révolutionner le monde de l'édition, quand ils acceptent un
strapontin et le rôle d'un auteur en échec, s'auto-éditant
faute d'avoir pu être accepté par une des grandes maisons
nationales ou même une modeste structure régionale.
Au niveau départemental, il y a également de l'argent pour
l'édition, comme le rappelle monsieur Amigues…
Bref, il arrive un jour, où l'écrivain n'en peut plus, même
en acceptant de vivre sous le seuil de pauvreté, malgré une
démarche réellement professionnelle, avec de réels
résultats.

Déconsidérer une activité légale, artisanale, pour satisfaire les industriels

La production industrielle de la viande a presque réussi à
faire disparaître l'élevage de qualité. Qui, en France, chez
les moins de 30 ans, connaît le vrai goût du cochon ?
Grâce aux contrôles administratifs, aux règlements, même
dans nos campagnes il devient quasiment impossible
d'acheter un vrai cochon, ayant naturellement dépassé les
150 kilos et les 365 jours de présence sur terre.
Les industriels vous emballent cela dans du plastique (qui
se demande combien de particules passeront dans notre
corps ?) et certifient que le produit répond à l'ensemble

des normes actuelles. Soyez rassurés et contents ! L'amiante répondait aux normes. Comme les ondes s'y plient (puisque naturellement les spécialistes ont suivi les mêmes formations, ils ne risquent pas de se poser les questions qu'un écrivain ose parfois balancer, mais comme il n'est pas spécialiste, les médias ne peuvent naturellement lui ouvrir leurs espaces, sinon les sponsors fuiront ; faut laisser faire les spécialistes, c'est bien ce que chantait Léo Ferré ?...). Même Coca-Cola modifie sa formule aux États-Unis quand son produit ne répond plus aux nouvelles normes, en continuant de distribuer ailleurs l'ancien breuvage, puisqu'il répond aux normes. Les industriels aiment les normes car elles les dédouanent de morale, protègent (presque toujours) des actions en justice.

Quel rapport avec l'édition ? 25 000 points de vente accaparés par les industriels du livre. Le livre est une industrie, qui ne laisse aucune place aux artisans. « *Pourtant, je crois qu'une industrie culturelle aussi complexe que la vôtre ne pourra pas reposer sur ce nouveau modèle.* » Cette phrase est sortie de la bouche de notre Aurélie nationale, devant le parterre des éditeurs réunis par leur syndicat, le SNE.

Avant Internet, il était quasiment impossible d'acquérir les œuvres des écrivains indépendants au-delà d'un rayon d'une centaine de kilomètres où ils se déplaçaient dès qu'ils pouvaient obtenir une chaise et une table pour les présenter. Les salons du livre des campagnes, les signatures, même en librairie, quand un article dans le quotidien local augurait de ventes faciles (que l'auteur aurait obtenues s'il s'était installé sur une table devant la mairie... mais ça ne se fait pas !)

Naturellement, agriculteur et auteur-éditeur sont des

activités légales. Pourtant, il semble impossible de les exercer vraiment, tranquillement, par amour du travail bien fait. Les derniers modestes agriculteurs cumulent avec une activité extérieure ou la retraite. Culture comme agriculture, le modèle industriel a imposé son approche. Les consommateurs critiquent parfois la marchandise en rayons, qu'elle soit alimentaire ou culturelle, mais finalement ne voient pas comment leurs modestes moyens pourraient stopper, inverser cette dérive.

Heureusement, des mouvements se forment, de vente directe, de regroupement d'acheteurs pour permettre à une exploitation « bio » de vivre. Mais bien tard : quand l'agriculture artisanale a quasiment disparu ! Consommateurs, vous avez également le pouvoir de faire vivre des écrivains indépendants !

Il n'existe aucune réelle volonté politique de permettre aux modestes de vivre décemment de leur travail. Certes, les scandales sanitaires, la montée des taux de nitrates et pesticides, incitent, parfois, à une prise de conscience, rapidement balayée par d'autres informations... Problème de l'information, dans l'alimentation comme dans le culturel. Problème de cohérence politique également : que sont devenus les mouvements écologiques ? (hé oui, il faut bien avaler des couleuvres si l'on souhaite obtenir facilement quelques élus et des places au gouvernement...)

L'information se manipule tellement facilement ! Il suffit, par exemple, de prétendre que l'auto-édition c'est du compte d'auteur pour dévaloriser les indépendants. Aurélie F. qui s'indigne quand Wendel améliore son image avec du mécénat, ne réagit naturellement pas à la sortie d'Arnaud Nourry déclarant dans *les Echos* « *L'auto-édition a toujours existé : ça s'appelle l'édition à compte d'auteur* » (j'ai publié « *L'auto-édition ce n'est pas du compte d'auteur, cher monsieur Arnaud Nourry, PDG Hachette Livre* », contribution presque invisible…)

Ce qu'est devenu l'écrivain en France ? François Busnel raconte

François Busnel connaît très bien l'édition officielle française, il en est l'un des piliers médiatiques : journaliste littéraire, il présente "*la Grande Librairie*" sur France 5, devenue la seule émission littéraire en prime time, le jeudi soir à 20 heures 35 et "*le grand entretien*" en semaine, sur *France-Inter* de 17 à 18 heures. Également chroniqueur à l'*Express* et rédacteur en chef de *Lire*.

François Busnel donnera d'ailleurs du « *nous journaliste...* », dans la série les journalistes interrogent les journalistes, quand Philippe Vandel le reçoit pour l'émission du 13 décembre 2012 "*Tout et son contraire.*" François Busnel est allé aux États-Unis pour réaliser le portrait des derniers "vrais écrivains"...

François Busnel : « *Ce qui est intéressant, c'est d'aller à la rencontre des derniers grands fous qui sont les fous géniaux. Si on avait pu aller rencontrer au 19e siècle Baudelaire, Flaubert, Gérard De Nerval, Lamartine, Victor Hugo, Balzac, vous pensez que l'on aurait eu affaire à des gens normaux ? Mais pas du tout, ce sont des grands fous mais c'est des fous géniaux. C'est c'qu'on appelle les fous littéraires. Et alors, aux États-Unis, il se passe quelque chose d'assez incroyable, c'est que l'écrivain n'a pas de statut social, c'est-à-dire il n'est pas comme à Saint-Germain-des-Prés, en train de donner son avis sur tout, de boire des coups pour se faire remarquer par la presse et par les gens, il signe pas d'autographe... Au contraire il n'a aucun ego donc il s'enfonce dans cette espèce de folie qui est créatrice du coup, qui devient une folie créatrice, régénérante, c'est ça qui est absolument extraordinaire aux eux, donc on est au cœur du processus de création. »*

« *Quelque chose d'assez incroyable* », qu'il existe encore des êtres humains pour respecter la littérature au point d'y consacrer leur vie plutôt que de gérer leurs relations ! Incroyable, pour M. Busnel qu'on ne passe par notre temps à essayer de se faire remarquer des journalistes en offrant l'apéro.

Philippe Vandel aurait pu, aurait dû, le prier de conclure logiquement ? Est-ce que "nos grands écrivains" n'ont plus rien de commun avec les Balzac, Flaubert ou Hugo ? Est-ce pour cela que la littérature officielle française n'est plus qu'une production industrielle dont il ne restera rien dans un siècle ?
Philippe Vandel ne semble pas du genre à embarrasser un confrère avec un « alors, François Busnel, soyez sérieux et responsable, arrêtez de faire la promo des pitres, cherchez en France si de vrais écrivains ne mènent pas un combat invisible… »
La dérive est connue mais tant que la machine tourne, l'édition officielle se gargarise d'exception culturelle et autres conneries censées faire vendre et subventionner.

Sur le même sujet, j'ai déniché une interview intéressante d'Alain Beuve-Méry (petit-fils du fondateur du *Monde*, Hubert) qui « *couvre le secteur de l'édition pour le journal Le Monde depuis 5 ans* », au 8 Octobre 2011, réalisée par F.K tahiti-infos.com à l'occasion du "*Salon Lire en Polynésie.*"

« - Avez-vous lu l'un des ouvrages édités localement ?

- C'est très frais, mais je viens de lire le dernier Chantal Spitz, *Elles. Terre d'enfance. Roman à deux encres.* (...)

- On est en pleine rentrée littéraire en métropole. Ce livre pourrait-il percer ?

- C'est un livre qui mérite d'être édité, assurément. Mais vous le savez sûrement, entre 600 et 700 romans paraissent entre le 25 août et le 15 octobre chaque année. Tout dépend donc beaucoup de la maison d'édition dans laquelle vous êtes édités, et du travail fait en amont par les attachés de presse auprès des journalistes et des jurés littéraires. Chantal Spitz est un frêle esquif au milieu de nombreux bateaux. Mais pourquoi pas ? Son livre pourrait, ou devrait, trouver un public en France. J'espère pouvoir en parler avec elle au Salon. C'est très intéressant de rencontrer de vrais écrivains, très différents de ceux qu'on a l'habitude de lire en France. »

Alain Beuve-Méry pourrait (devrait) donc également regarder ailleurs !

Retour à François Busnel, qui connaît très bien l'édition officielle française et peut-être même, un peu, Stéphane Ternoise !... Il semblerait (d'après la signature) qu'il ait pris, en personne, sans délégation, le 18 mars 2009, la lettre recommandée envoyée, ès directeur de la rédaction de Lire. Le nom de la société est remplacé par Z* dans la copie ci-dessous. Sans suite.

> Monsieur François Busnel
> Directeur de la rédaction LIRE
> 29 rue de Châteaudun
> 75308 Paris cedex 09

Objet : Procédure Z* depuis juin 2007.

Monsieur François Busnel,

En couverture de votre numéro de mars, vous notez :

Compte d'auteur : évitez l'arnaque

Et dans votre article apparaît Z*, société pratiquant le compte d'auteur sans le spécifier clairement sur son site.

Fin 2006, Z* a exigé, via des mails truffés de fautes d'orthographe et d'incohérences, que je supprime deux pages de mes sites internet. J'ai naturellement refusé (j'avais proposé en 2002 un droit de réponse à Z*, reproposé en 2006).

Pour avoir écrit sur auto-edition.com « *Ne payez jamais un éditeur* », avoir déconseillé Z*, avoir réalisé en juillet 2002 l'interview de François AKEL, auteur québécois alors en conflit avec Z* (il avait payé 6 867,5 euros pour des « prestations »), Z* m'a assigné au Tribunal de Grande Instance de Paris, en juin 2007, souhaitant me faire condamner à lui payer 366 000 euros ! (son prétendu préjudice à cause de mon information visible via google, qui résumait lors d'une recherche « Z* », une de mes pages avec *arnaque* proche de Z*…)

La procédure est toujours en échange de dossiers via avocats. Dans le silence médiatique général.

Je vis loin de Paris (Montcuq, dans le Lot), j'ai pour la première fois un avocat (je suis un modeste travailleur indépendant, sûrement l'un des rares auteur-éditeur professionnel du pays, vivant de ma plume loin des médias

– ecrivain.pro) ; je ne touche aucune subvention ni aide sociale mais bénéficie de l'aide juridique pour ce procès.

Durant la procédure, j'ai même été accusé d'avoir écrit des propos diffamatoires sur mon site… lire.fr !
Oui vous êtes parfois présent dans ce procès ! Il m'a donc fallu prouver ne pas être propriétaire de LIRE.FR mais cette preuve fut prétendue par Z* comme… l'aveu que j'avais écrit ces propos ! J'ai parfois l'impression d'une procédure kafkaïenne…

Pas un mot dans les médias sur ce procès pourtant essentiel pour internet : est-ce qu'avec de telles procédures (ou simplement des menaces de procédures), certains vont obtenir la soumission des chroniqueurs indépendants ?
Un résumé rapide. Vous comprenez ma préférence pour un tel envoi en recommandé !…

Vous bénéficiez d'une audience vous protégeant d'une procédure de ce genre… Prendrez-vous position dans ce procès qui me bouffe la vie depuis si longtemps ?

Veuillez agréer, monsieur François Busnel, mes respectueuses salutations.

STEPHANE TERNOISE, parfois romancier
http://www.ecrivain.pro http://www.romancier.org
http://www.auto-edition.com
http://www.lewebzinegratuit.com

François Busnel connaît très bien l'édition officielle française... À l'occasion d'un Salon du livre, LEXPRESS.fr semble avoir proposé à des "anonymes" de le questionner, "interview" publiée le 12 mars 2009.

- Quels auteurs sont selon vous surestimés dans la littérature contemporaine ?
François Busnel : - *Je dirais Houellebecq, Sollers...*

Plus loin :
« *La Grande Librairie... Je n'invite pas "les vedettes du jour" : vous n'avez vu dans mon émission ni BHL ni Houellebecq ni Sollers... mais des écrivains cultes comme John Berger (qui ne fait jamais de télé), Jim Harrison, ou encore Christian Gailly ou Olivier Cadiot. Des auteurs de premier roman comme Tristan Garcia ou Jean-Baptiste Del Amo... Quant au show-biz, c'est ailleurs que dans la Grande Librairie... Cela dit, je ne suis pas certain que qui que ce soit aujourd'hui soit le futur Balzac, le futur Twain ou le futur Zola. Mais ce sont de bons écrivains dont les livres sont excellents.* »

C'est dans "*la grande librairie*", sur France 5, le 15 septembre 2011, que François Busnel encensa le roman "*Rien ne s'oppose à la nuit*" de Delphine de Vigan, un roman « *absolument extraordinaire* » qui « *sort du lot* ». Non, pas du département du Lot ! Il ne lui sembla pas nécessaire de préciser que la jeune femme partage sa vie. Depuis que Lucien Morisse, directeur des programmes d'*Europe 1*, n'hésita pas à diffuser en boucle Dalida, sa compagne puis épouse, le procédé semble entré dans les mœurs.

arretsurimages.net note au 4 novembre 2011 : « *Hier sur France Inter, Delphine de Vigan est revenue sur son passage sur le plateau de son compagnon François Busnel, le 15 septembre sur France 5. Et l'auteure de* Rien ne résiste à la nuit *(éd. JC Lattès), qui domine les ventes de roman depuis la rentrée, a clairement dit qu'elle s'était sentie "atrocement mal à l'aise". Tout en défendant sa "légitimité" à être invitée dans cette émission littéraire, et en rappelant que les plateaux télés sont régulièrement remplis de proches d'animateurs, sans que personne ne le dise ou que ça gêne quiconque. »*

Donc les médias officiels en sont arrivés au point où « *les plateaux télés sont régulièrement remplis de proches d'animateurs, sans que personne ne le dise ou que ça gêne quiconque.* » Bien que vivant sans télévision, madame la romancière, je vous le balance gentiment : ça me gêne beaucoup que la littérature soit ainsi prise en otage par les fils, filles, compagnons, compagnes, amis de...

La même page arretsurimages.net note « *Le site du Nouvel Observateur signale que, sur la page web présentant le prix du roman France Télévisions, qui vient d'être attribué à Delphine de Vigan (et dont François Busnel faisait partie du comité de sélection), la télé publique signale bien qu'elle a reçu l'auteure sur deux plateaux... mais a "oublié" La Grande Librairie.* »
Peut-être même que personne ne fut gêné que ce prix soit remis à la compagne de monsieur François Busnel par le groupe où il occupe une place prépondérante. Peut-être que personne ne le dit. Peut-être que personne n'ose le dire. Eh bien, pour moi, ces pratiques n'honorent ni le groupe *France Télévisions* ni monsieur Busnel, ni même l'éditeur *JC Lattès*, du groupe Lagardère.

Malgré mes critiques sur le mastodonte Lagardère où édite son épouse, Monsieur Busnel, grand professionnel, présentera peut-être un jour mes écrits. Je nous le souhaite !... N'hésitez pas, si vous le rencontrez, à lui conseiller de regarder du côté de Montcuq !

Salons du livre, librairies, médias, les portes fermées aux écrivains indépendants

A) salons du livre

Une réponse de monsieur Michel DUMAS, Premier Adjoint, chargé des Affaires Culturelles à la mairie de Brive-la-Gaillarde, résume la situation. Son ancienneté démontre bien la profondeur des difficultés et permettra de mieux expliquer le virage 100% numérique presque indispensable aux indépendants.

Brive-la-Gaillarde, le 17 DEC 1997

Cher Monsieur,

C'est avec attention que nous avons pris connaissance de votre courrier contestant le montant des droits d'inscription à la Foire du Livre.

Je comprends qu'ils vous paraissent élevés eu égard à votre situation d'auteur-éditeur.

Il est vrai que ces frais ne posent pas de problème aux grandes maisons d'édition comme Grasset, Gallimard ou le Seuil, qui œuvrent par ailleurs depuis plusieurs décennies à constituer un fonds de la pensée française.

Le montant des droits sera l'an prochain vraisemblablement identique. Ils sont fixés d'un commun accord avec nos partenaires : les librairies de la ville et l'association "Les amis du Livre".
De plus, toute manifestation d'envergure comme la Foire du Livre, engendre des coûts importants, et les droits d'inscription représentent une recette indispensable.

Je vous prie de recevoir, Cher Monsieur, l'expression de mes sentiments les meilleurs.

La Foire du Livre de Brive est considérée comme la deuxième du pays, derrière Paris. Elle est également connue pour son train emmenant en Corrèze les parisiens… J'en ai fait une chanson. Il est peu probable que même si je deviens la référence de l'édition numérique, ces gens m'invitent… Peut-être celles et ceux qui relanceront cette manifestation après son effondrement… On peut rêver ! Un jour, ces structures n'auront peut-être plus les moyens de telles parades honorifiques. Certes, n'espérons pas la faillite des familles Gallimard ou Lagardère… ce n'est pas la même chose ! Les salariés de ces maisons sentent peut-être déjà le vent d'un possible ouragan… duquel naturellement ont su se protéger les grands patrons en amassant de quoi permettre à leurs arrières-petits enfants de vivre confortablement.

Salon du livre de Brive ou train mondain des écrits vin

Dans un train
Pompeusement proclamé train des écrivains
Des parisiens naturellement très mondains
Au départ presque ou totalement à jeun
Arriveront ivres
À Bri-i-ve

Pour certains
L'attachée de presse s'est empressée le matin
D'expliquer au très cher très notable écrivain
Le contenu du bouquin à dédicacer
Et même à commenter
À la télé

À Brive
On y voit des livres
Mais pas ceux des écrivains
Qu'on dit un peu martiens
Parce qu'ils vivent debout
Et non à genoux
Devant les éditeurs
Devant les distributeurs
Parasites qui font leur beurre

Dans un train
Où les écrits se bonifient moins que le vin
On commente les à-valoir et les pots-de-vin
D'un peu de baratin on s'eni-i-i-vre
On arrive
À Brive

Y'a des drôles
Qui osent parfois proclamer sur des banderoles
Regardez passer le train du cholestérol
Ils mangent dans la main des marchands ces p'tits pantins
À la foire du livre
De Brive

À Brive
On y voit des livres
Mais pas ceux des écrivains
Qu'on dit un peu martiens
Parce qu'ils vivent debout
Et non à genoux
Devant les éditeurs
Devant les distributeurs
Parasites qui font leur beurre

Deux manières opposées s'observent face aux portes fermées : certains insistent, quémandent, supplient même, quitte à essayer de passer par une fenêtre (dans notre cas, un libraire, éditer un livre chez un éditeur régional, créer une association d'édition...) et peu osent taguer ces portes !

Monsieur Michel Dumas, je vous ai dédié cette chanson ! J'ai également ironisé sur leur Prix de la Langue Française, qui prétend « *récompenser l'œuvre d'une personnalité du monde littéraire, artistique ou scientifique qui a contribué, de façon importante, par le style de ses ouvrages ou son action, à illustrer la qualité et la beauté de la langue française.* » En plus de mes écrits, mes actions pour l'indépendance des écrivains semblent me permettre de prétendre correspondre au profil recherché. Non ? Ce prix, créé en 1986 par la Ville de Brive, est remis lors de l'ouverture de leur Foire. Lauréat 2003 : Dominique de Villepin, alors Ministre des Affaires étrangères, l'un des plus proches amis de Jacques Chirac, président de la République implanté en Corrèze où son épouse reste élue au Conseil Général. Le pire, peut-être, c'est que l'auteur Dominique de Villepin ait accepté cette distinction. Vite, madame Aurélie Filippetti, sortez votre troisième roman, vous feriez une excellente lauréate.

En novembre 2009, un grand moment littéraire éclipsa les écrivains à la foire du livre de Brive : Jacques Chirac et François Hollande, ès "régionaux", le premier dédicaça "*Chaque pas doit être un but*" (Nil éditions), et l'ancien premier secrétaire du Parti socialiste "*Droits d'inventaire*" (Seuil).

Paris (organisé par le SNE, le syndicat des éditeurs) et

Brive impossibles, où se montrer, dédicacer, vendre ? Remercier pour un strapontin dans les villes modestes ?

J'ai participé à de nombreux salons du livre. Je n'y ai jamais senti la moindre considération. Soit il s'agissait de communes qui ne peuvent s'offrir de vedettes, genre Castelnau-Montratier, Mercuès ou Firmi, soit elles nous accueillent comme la troisième roue du carrosse, ès locaux, parfois relégués au sous-sol sous un chapiteau comme à Gaillac où les libraires règnent sur la belle salle de l'abbaye St Michel ou à Figeac, avec sa rangée de seconde zone…

De plus en plus de municipalités ont délégué, également par facilité, la gestion de ces « fêtes » aux libraires, qui génèrent ainsi un chiffre d'affaires considérable en quelques heures et sont les réels bénéficiaires de l'argent public octroyé. J'ai constaté avec plaisir que celle de Cahors n'a pas résisté à plus de quatre cessions ! (j'avais pourtant proposé un partenariat avec www.salondulivre.net) Il reste bien quelques villages où nous sommes accueillis par des passionnés ou habitués à essayer d'animer leur lieu mais la fréquentation y est si mince que les ventes ne remboursent pas forcément les frais de déplacement. Je demande désormais un défraiement et des ventes sans intermédiaire. Ne soyez donc pas surpris de ne plus me rencontrer !

Arrivé en 1996 dans le Lot, j'ai découvert Figeac le 26 avril 1998. Martin Malvy, député-maire, ancien Ministre du Budget, signait l'édito de cette douzième fête. Mon nom ne figurait pas sur le programme, conformément au document qu'il m'avait fallu retourner, accompagné d'un chèque de 80 francs pour obtenir une demi-table.

Nous, les indépendants, étions à l'écart, face à la vraie fête, celle des Yvette Frontenac, Georges Coulonges, Colette Laussac, Michel Palis, Michel Peyramavre (selon le programme, Michel Peyramaure en réalité), Michel Cosemm, Didier Convard, Serge Ernst, Laurent Lolmède, Didier Savard, Andrée-France Baduel, Laurence Binet, Mohamed Grim, Christian Rudel, Amin Zaoui...
L'année suivante, j'ai refusé ce système. Je ne suis donc jamais retourné à ce salon.

Le 5 février 1998, j'ai envoyé de Cahors le document idoine, complété, accompagné du chèque numéro 461996.

12ème fête du livre de Figeac.
25 Avril : 14H30 à 19H
26 Avril : 10h à 12H30
14H30 à 18H

CONDITIONS D'INSCRIPTION DES AUTEURS INDEPENDANTS

- Seuls les auteurs sont acceptés dans la limite des places disponibles, (ni libraires, ni éditeurs).
- Tous les frais inhérents à cette manifestation sont à la charge de l'acteur (transport, restauration, hébergement)
- Toute inscription devra s'accompagner d'un chèque à l'ordre de "Lire à Figeac".
- Une table maximum par auteur :

* Lot : une table : 160Frs, une 1/2 table : 80Frs.
* Autres départements : une table : 320Frs, une 1/2 table : 160Frs.

- L'auteur aura à charge d'amener ses ouvrages, un emplacement lui sera réservé.
- Le nom de l'auteur n'apparaîtra pas sur le programme.
- Le bénéfice de la vente de ses ouvrages lui reviendra en totalité.

- L'auteur devra se présenter à la Salle Balène, Quai Bessières, 13H30.
(l'ouverture au public se fera à 14H30)

Bulletin à remplir et à renvoyer à "LIRE A FIGEAC"
Boulevard Pasteur
46100 FIGEAC

Je reconnais avoir pris connaissance des conditions d'inscription et m'engage à les respecter.

La phrase « *seuls les auteurs sont acceptés dans la limite des places disponibles, (ni libraires, ni éditeurs)* » témoigne disons d'une imprécision dans la considération de cette activité, les auteurs indépendants, se trouvant être éditeurs, juridiquement.

Le 14-4-98 me fut envoyé de Figeac le programme *"Cultures et Droits de l'Homme"*, avec un petit mot manuscrit : « *Rendez-vous le samedi 25 Hôtel Balène (Quai Bessières) vers 14 h.*
A bientôt
DL »

Eh oui, on peut se gargariser des "Droits de l'Homme" et pratiquer l'ostracisme, la ghettoïsation, au quotidien.
Il s'agissait de ma première participation à un salon dans cette partie du Lot.
Ma jeunesse me permit quelques dialogues. Certains du genre « il faut guider le nouveau, lui expliquer les arcanes du métier, pour qu'il profite lui aussi de l'argent public, des bons repas, des hébergements... »
Nous entrerons dans la carrière quand nos ainés reposeront au cimetière.
Et quelques aveux : « - T'as payé 80 francs mais ce que je vois, c'est qu'à la fin de la journée, tu repartiras avec de

l'argent. Tandis que moi j'aurais bien mangé, je dormirai à l'hôtel mais je ne toucherai pas un centime des ventes. Bien sûr, il me reviendra 10% (ou 5 suivant l'interlocuteur) de droits d'auteur dans un an (parfois : si d'ici là mon éditeur ne ferme pas boutique). Et de toute manière, je ne saurai jamais combien ils en vendent réellement, nous n'avons aucun moyen de vérifier les chiffres. »

Je résumais dans un carnet : « Ils sont nourris par les subventions mais un libraire s'engraisse avec leurs ventes. »

Le 16 avril 1998 Martin Malvy fut élu président du conseil régional de Midi-Pyrénées. (il fut réélu le 2 avril 2004 puis le 26 mars 2010).

Lors de ce salon, je glanais quelques informations sur la politique du livre de la région. Certains attendaient des changements "maintenant qu'on est socialistes..."

Le programme de la dix-septième édition, la manière dont il m'est parvenu m'échappe (sûrement la bibliothèque de Cahors), "Ecrits de voyage" du 12 et 13 avril 2003. Il accordait une demi-page aux "Auteurs indépendants". Seul le nom de Colette Brogniart m'est connu.

Avant le lundi 7 janvier 2013, je n'avais pas remis les pieds à Figeac. Dans quelques jours je publierai le récit photographique de cette journée. Je doute fortement de pouvoir réaliser le projet "pharaonique" de présenter les 340 communes du département lotois (comme annoncé sur http://www.communes.info et débuté avec Beauregard, Saillac, Montcuq, Cahors, Saint-Cirq-Lapopie).

B) Librairies

25 000 points de vente en France...
Vous n'aviez jamais réalisé que vous ne voyez pas certains livres chez votre libraire ? Et comme en même temps les médias n'en parlent pas, vous ne le lui reprochez pas ! Des livres invisibles ! D'ailleurs les best-sellers dont télévisions, radios, grands quotidiens et mensuels vous abreuvent de superlatifs, figurent sur les tables, dans les rayons de ces nobles lieux littéraires... La librairie, un "lieu unique", selon l'expression M. Jean-Marc Roberts (de chez Lagardère, maison *Stock*), qui aimerait tant une France où il serait interdit de vendre ailleurs des livres.

Je vous conseille de lire l'enquête iconoclaste et naturellement peu visible, publiée dans la collection *précisions* par Thomas de Terneuve, *Le livre en papier : 25 000 points de vente inaccessibles aux auteurs indépendants. Un système à soutenir ?*, sous-titrée *La librairie en France vue par un écrivain indépendant.*

Les différents observateurs (état, syndicats...) s'accordent sur ce chiffre d'environ 25 000 points de vente physique. Élément crucial pour vendre des livres : qu'ils soient disponibles là où lectrices et lecteurs achètent. Comment être disponible en librairies et grandes surfaces ? Via un secteur peu connu et pourtant central de la chaîne du livre : la distribution.

Pour alimenter 25 000 points de vente, rien que la logistique et les frais de transport nécessitent une mise de départ dont ne dispose naturellement pas l'auteur-éditeur.

Se limiter aux grandes enseignes, qui fonctionnent avec une centrale d'achats, permettrait une percée significative mais ces structures répondent à l'auteur-éditeur de passer par un distributeur référencé... Cercle vicieux où seuls les installés peuvent commercer...

Une note d'analyse officielle gouvernementale, de mars 2012, résumait : « *Alors que dans les autres pays comparables l'éditeur et le distributeur sont deux acteurs bien distincts, les principales maisons d'édition françaises ont développé leur propre circuit de distribution, à l'exemple de la Sodis appartenant à Gallimard ou de Volumen dans le cas du groupe La Martinière. En contrôlant le processus de distribution, les éditeurs français se sont donnés les moyens de dégager des marges plus importantes qu'avec leur seule activité éditoriale.*

L'intégration de la distribution reste aujourd'hui encore l'une des principales sources de la bonne santé économique des éditeurs français (...)

Avec la transmission directe d'un texte depuis une plate-forme de téléchargement vers une tablette ou une liseuse, l'impression et la distribution du livre ne sont plus nécessaires. Or c'est cette dernière étape de la chaîne du livre qui est aujourd'hui la source majeure de rémunération pour l'éditeur. »

On peut simplement s'étonner des exemples : exit les deux premiers distributeurs, ceux des groupes Hachette et Editis, les leaders de l'édition. Mais naturellement, dans une note officielle, la mise en valeur de Gallimard et La Martinière doit sembler préférable. Cinq distributeurs se partagent plus de 90% du marché : Hachette Distribution, Interforum (Editis), Sodis (Gallimard), Volumen (Seuil-La Martinière), Union Distribution (Flammarion). En rachetant Flammarion, Gallimard est devenu un poids lourd de l'édition française, le troisième groupe. Il a aussi acquis un distributeur et le rapprochement Sodis - UD semblerait logique.

Le pouvoir de négociation des fournisseurs extérieurs, les petits éditeurs, est quasi nul face à ces mastodontes.

Jean-Claude Utard, dans le résumé de son cours sur l'édition française à l'Université Paris Ouest Nanterre La Défense, note : « *Un éditeur petit ou moyen est donc contraint de déléguer ce travail* [distribution et diffusion] *et se retrouve dans une situation où il n'est pas complètement libre de choisir : c'est le distributeur et le diffuseur qui, en fonction des rythmes de parution, des chiffres et du volume des ventes de cet éditeur et de sa complémentarité avec les autres éditeurs de son catalogue, en définitive acceptent de le prendre en compte. Une caution est en général exigée alors par le distributeur et la rémunération du distributeur et du diffuseur consistera en un pourcentage sur les ventes (10 % en moyenne pour la distribution), souvent assorti de la condition d'un chiffre d'affaire minimum (et donc d'une rémunération minimum pour le distributeur et le diffuseur).* »

Une caution et un chiffre d'affaire minimum : ainsi la porte est fermée à l'auteur-éditeur, discrètement, sans nécessité de préciser « réservé aux éditeurs adhérents du SNE. » **Il suffit d'imposer des contraintes économiques pour exclure, inutile de censurer.**

Avant le numérique, c'était simple : un livre sans distribution est un livre invisible, invisible également pour les médias. Donc il suffit de tenir la distribution pour tenir les écrivains. L'auto-édition ne pouvait vivre que localement, au point que « le roman du terroir » semblait parfois le seul qui puisse barboter dans ces eaux polluées.

C) Les médias

Médias nationaux, régionaux, Internet.

Malheureusement, dans le domaine littéraire (critique littéraire), il n'existe, pour l'instant, aucun réel média Internet, vraiment suivi, influent.
Les vieux médias ont su (merci l'argent public) se décliner en numérique, conserver leur audience, leur prédominance.

La survie d'un écrivain passe par les médias. Un minimum. Si faire la couverture de la presse people n'est qu'une dérive, figurer dans les pages littéraires des quotidiens, hebdomadaires et mensuels reste nécessaire.

Un écrivain indépendant n'intéresse pas les médias nationaux. Naturellement, en cas de besoin, ils permettent à quelques auteurs d'obtenir le quart d'heure warholien de gloire, mais pour cette loterie, mieux vaut vivre à Paris avec un pied dans le journalisme.

Les médias régionaux

Un écrivain doit d'abord utiliser les supports de sa région.
À mes débuts, *La Voix du Nord*, *L'Echo Rural*, *Artois Temps libre*, *l'arrajoie*, couvraient mes publications. Ces textes de jeunesse ne sont pourtant naturellement pas les meilleurs, poésie et nouvelles. Mais je pense qu'il s'agissait pour cette presse d'une logique culturelle. Partout où je me présentais, j'étais correctement reçu.

Même si les articles entrainent peu de ventes, ils

permettent une assise locale, se traduisent en invitations dans divers manifestations et autres propositions, occasions d'écouler régulièrement des livres.

Je vivais dans le nord de la France et j'ai "pris ma retraite dans le sud", à moins de 30 ans.

Je vis depuis 1996 dans cette drôle de partie du pays où *la Dépêche du Midi* est dirigée par Jean-Michel Baylet, le patron du Parti Radical de Gauche, allié du PS. Ce qui ne semble pas poser de problème démocratique, officiellement. Pourtant, l'exemple du Tarn-et-Garonne, où M. Baylet préside le Conseil Général, en est un exemple probant, les candidats du PRG, dont les politiques semblent satisfaire les journalistes de la *Dépêche du Midi*, affrontent de plus en plus souvent des candidats du Front National au second tour des scrutins législatifs ou cantonaux, la droite départementale y semble la plus incapable du pays, comme le maire de Caussade longtemps unique opposant acharné au sein du Conseil Général, régulièrement étrillé par des articles naturellement libres de journalistes naturellement indépendants, du grand quotidien régional naturellement apolitique. Non, cette précision est inexacte ? (je peux la modifier, il vous suffit de me l'indiquer, monsieur l'incontournable de la région)

En 1998, en même temps que le roman "*liberté, j'ignorais tant de Toi*", je présentais "*Entre Cahors et Astaffort*", un texte qui aurait pu devenir la chanson d'opposition à la ligne à Très Haute Tension qui devait amener à Cahors l'électricité produite par la centrale nucléaire de Golfech.

Entre Cahors et Astaffort

Entre Cahors et Astaffort
Y'a des rêveurs qui rêvent encore
Ils jouent des mots, des métaphores
Et chantonnent la vie sans effort

Mais entr'Cahors et Astaffort
Sur la Garonne, y'a Golfech
Au bout des cannes à pêche
De l'uranium, leur uranium

Si tout l'monde ici s'endort
Bientôt de Golfech à Cahors
Sur de grands pylônes piailleront
Les gros fils d'affront à région

Entre Cahors et Astaffort
Y'a des rêveurs qui rêvent encore
Sur la Garonne y'a Golfech
Faut ranger les cannes à pêche

De grands patrons plastronnent
Vive l'industrie Vive l'industrie
Et tant pis pour les p'tits mômes
Sur le tracé du Dieu progrès

Entre Cahors et Astaffort
Ils agissent les utopistes
Pour qu'il sonne le droit des Hommes
Aux oreilles des affairistes

Entre Cahors et Astaffort
Les révoltés rêvent encore
Que jamais leurs volts ne nous survolent
Qu'le Quercy n'passe pas à la casserole

J'ai rapidement compris que contrairement à la *Voix du Nord* qui présenta mes premières publications, dans le Lot la *Dépêche du Midi* ne serait pas pour moi ! Je me suis pourtant rendu dans leurs locaux, boulevard Gambetta, à Cahors, j'y fus reçu par un journaliste, qui prit même quelques photos du jeune romancier mais jamais l'article ne fut publié (j'ai pris le temps de consulter trois mois d'édition de ce quotidien à la Bibliothèque Municipale de Cahors).

Naturellement, je me suis interrogé. Est-ce une conséquence du texte « *entre Cahors et Astaffort* » ? Il ne fut jamais présenté dans cette *Dépêche*.

Jean-Michel Baylet était-il favorable à cette ligne ? Le 18 octobre 1999, sous sa présidence, le Conseil Général du Tarn-et-Garonne s'est déclaré en opposition au projet de THT. Mais c'est peut-être plus complexe que cela ! Le *Petit Journal*, un quotidien de Montauban qui réussit à tenir dans l'ombre de cette *Dépêche* notait ainsi, à l'occasion des résultats des élections cantonales de mars 2004 « *Jean-Michel Baylet, actuel président du Conseil Général et patron du seul quotidien régional, vient d'être réélu sans surprise. Le dernier des « Baylet » perpétue ainsi plus d'un siècle de gouvernance sur le Tarn-et-Garonne après son père et sa mère. Malgré un bilan moribond la force de son journal et l'argent de Golfech le maintiennent au pouvoir pour quelques années.* » Bref, il faudrait au moins que l'un des journalistes de la *Dépêche*, qui consacra tant de temps à l'affaire Dominique Baudis, soit prié d'enquêter sur le sujet pour nous délivrer une information impartiale et juste. Mais en tout cas, leur site témoigne qu'ils ne m'ont jamais consacré le moindre article. J'ai néanmoins trouvé une référence à l'une de mes pièces de théâtre, jouée au centre culturel de

Foulayronnes : "« *La Fille aux 200 doudous* » *(anonyme).*"
Non, *la Fille aux 200 doudous* n'est pas le texte d'un auteur anonyme, il suffit d'ailleurs de saisir le titre chez notre ami Google pour obtenir le nom du dramaturge...

Le Lot est considéré comme une terre de clans. *Dire Lot*, mensuel lotois, alors dirigé par Pascal Serre, dénonçait, en février 2004, dans un éditorial titré « *les clans ont la vie dure* », « *le fameux clientélisme dont, à l'époque, personne ne s'est plaint et, sur lequel, aujourd'hui se vautrent toutes les excuses des retards constatés.* » Gérard Miquel était annoncé successeur probable de Jean Milhau, une manière de tourner la page Parti Radical de Gauche, dont les origines sont détaillées plus loin : 1958-1967, avec « *l'implantation de Maurice Faure* » : « *ce que l'on a nommé le faurisme, établi sur les faiblesses géographiques et démographiques du Lot, constitué par un clientélisme qui faisait dire que 'tous ont mangé dans la main du César républicain.'* » Je ne suis d'aucun clan, d'aucune coterie, je suis un solitaire. Je préfère quelques liens forts, vrais, aux multiples relations mondaines ou sociales.
Quel est le réel pouvoir des vieilles familles, Baylet, Malvy ? Martin Malvy journaliste passa par la *Dépêche du Midi*. Etonnant non, mon cher Pierre ?

Où s'exprimer quand on est un écrivain indépendant ?

La courte lettre de Gérard Depardieu au premier ministre fut d'abord publiée par le *JDD* et reprise gratuitement sur Internet. La lettre de Philippe Torreton, plus longue, fit du bruit bien qu'elle fut payante. Il fallait acquérir *Libération*, le quotidien en ligne ou la déclinaison en papier. Depuis elle est disponible également gratuitement sur le web.

Ce livre sera payant. Car "naturellement" ni *le Monde* ni *Libération* pas même le *JDD* ne me publieront, inutile de rédiger un résumé pour leur format de lecture rapide.

J'ai développé des sites également pour ces raisons d'absence d'intérêt médiatique national pour un écrivain lotois indépendant, et de "blocage" (résumons ainsi) local.

Naturellement, je ne peux pas tout faire ! Et ces "surfaces médiatiques" cherchent encore la bonne formule pour une gestion rapide et correcte !

Pourquoi rester un écrivain indépendant ?

Ce statut existe, je l'ai choisi en 1991. Alors qu'enfin il semble possible de faire tomber la citadelle du papier contrôlé, ce serait dommage d'abdiquer !

Les professions libérales semblent respectées et respectables, en France. Alors, pourquoi celle-là serait une tare ?

Pour des raisons morales je ne souhaite pas associer mes écrits à des hommes comme Lagardère ou Gallimard. Les autres grands groupes ne me semblent pas plus fréquentables : leur monde n'est pas le mien !

Quant aux "petits éditeurs", ils sont contraints de passer par les distributeurs des mastodontes s'ils souhaitent une réelle visibilité, ils se plient donc à leur vision du monde.

L'écriture, c'est la pensée, c'est donc éminemment politique ! D'ailleurs politiques et éditeurs traditionnels ont depuis longtemps fraternisé et les éditeurs n'hésitent pas à publier les livres d'élus même quand le potentiel de vente ne dépasse pas les mille exemplaires !

(des chiffres circulent parfois : Chantal Jouano, « *Sans tabou* », chez de La Martiniere en 2010, 205 exemplaires vendus ; Christine Boutin, « *Je ne suis pas celle que vous croyez* », Editions Générales First, 2006, 58 exemplaires vendus ; Valérie Pécresse, « *Et si on parlait de vous ?* », L'Archipel en 2010, 292 exemplaires vendus ; Dominique Paillé, « *Les habits neufs des faux centristes : Arnaque ou imposture ?* », Le Cherche Midi, 2009, 108 exemplaires vendus ; chiffres invérifiables)

Mon choix d'indépendance ? le titre d'une chanson de Jacques Brel peut le résumer : "*Vivre debout.*"

Le livre numérique étant notre chance, il est combattu par éditeurs, libraires et l'état...

Quand des regards réellement indépendants se pencheront sur notre époque de transition, ils devraient remarquer l'évidence : alors que les écrivains vivaient dans de grandes difficultés financières (naturellement le système offre quelques figures de proue grâce auxquelles chacun peut rêver), la voie alternative leur permettant d'obtenir des droits d'auteur décents fut combattue. Tous contre Amazon coupable de faire miroiter des revenus à 70% du prix HT de vente des ebooks ! Plutôt que de conseiller aux éditeurs de suivre cet exemple (techniquement possible, il existe d'ailleurs déjà une librairie Gallimard également numérique, où figurent mes ebooks !) les ministres de la Culture, gouvernements et parlementaires se sont évertués à essayer de maintenir les privilèges d'une classe en leur accordant lois et avantages pour conserver les auteurs sous leur coupe.

Les auteurs sont indispensables aux éditeurs, l'inverse, tu rigoles ! L'éditeur s'était rendu indispensable en réalisant les opérations techniques fastidieuses, bien avant que les imprimeurs travaillent avec des documents PDF. Dès cette époque, ils ont compris leur intérêt de cadenasser le circuit commercial ainsi, bien que l'éditeur ne soit plus fondamentalement utile, il conserve ses positions par sa maîtrise du business. Oui, en 2013, l'utilité de l'éditeur reste purement commerciale, le prétendu apport culturel (création éditoriale !) n'est qu'enrobage pour les politiques, que peuvent naturellement resservir les Martin de tous bords.

L'éditeur traditionnel indispensable à l'auteur, est pourtant défendu par la profession, avec le grand soutien d'Aurélie F. et sa célèbre formule « *c'est l'éditeur qui fait la littérature.* » (voir « *Ecrivains, réveillez-vous !* »)

Le libraire traditionnel est également prétendu indispensable. Exemple avec Aurélie F., en février 2013, en marge du Festival International de la Bande Dessinée d'Angoulême : « *Moi, ce que je souhaite faire, c'est établir un ensemble de mesures de soutien notamment pour les libraires. Je pense qu'il n'y a pas de bande dessinée, d'auteurs de bande dessinée, s'il n'y a pas de libraires pour faire aimer et découvrir la richesse de la bande dessinée au lecteur. J'annoncerai bientôt, fin mars au Salon du Livre, un programme pour la librairie qui ne concernera évidemment pas que la BD mais tous les libraires et qui constitue le meilleur moyen de soutenir l'univers de la bande dessinée.* »

On pourrait avec ce genre de raisonnement prétendre qu'il n'y aurait pas de lait sans les grandes surfaces pour le proposer aux clients. Edouard Leclerc aussi utile aux vaches que Lagardère aux écrivains !

Quelque chose me semble malsain d'exposer de braves petits libraires sympathiques, passionnés de littérature, quand ce sont les mastodontes qui encaissent la plus grande part des bénéfices. La pratique me rappelle le pauvre mineur silicosé exhibé sur une tribune par un Parti Communiste proclamant qu'il s'agit de son millionième adhérant.

Tout simplement : il n'y a pas de place dans ce pays, tel qu'il est dirigé, pour l'indépendance ! Mais à force de tout vouloir contrôler, notre balance économique

reste vertigineusement déficitaire ! La sclérose guette tout grand groupe, quand il pense plus à maintenir ses parts de marchés en bloquant le système plutôt qu'en innovant. En suivant les souhaits des installés, c'est bien l'avenir que compromettent nos politiques. Dans l'édition comme ailleurs, pour innover, il faut quitter la France ?

II) L'édition confisquée par quelques grands groupes, des familles remarquées dans les grandes fortunes de France

Comme un écrivain indépendant

La France, pays des libertés ? À condition qu'elles soient contrôlées par des gens autorisés ! Le vent de libéralisme anglo-saxon n'a nullement balayé le « vieux capitalisme français » des relations (qui s'exprima si bien lors des privatisations balladuriennes de 1986), il a même permis aux installés de faire peser sur les plus faibles le couperet de la mondialisation tout en conservant une opacité et des mœurs claniques, grâce surtout à la bienveillance de l'Etat "régulateur", subventionneur ou complice serait sûrement préférable.

Les grandes fortunes de France dans l'édition

« Je déteste que l'écrivain soit frustré d'une grosse partie de son travail et du fruit de son travail par des gens qui gagnent beaucoup plus que lui-même. Vous connaissez beaucoup d'éditeurs qui ont des châteaux, des hôtels particuliers etc ; voulez-vous compter sur les doigts le nombre d'écrivains qui en ont ? »

Cette réflexion, très peu connue, de Georges Simenon, je l'ai présentée pour la première fois en 1998 dans la postface « *auteur et éditeur* » du roman *Liberté, j'ignorais tant de Toi*, dont je vous livre l'extrait. Vous pourrez ainsi constater l'ancienneté de ma position :

« Être son propre éditeur et en vivre, relève, prétendent des vedettes, de l'utopie mais le rêve, n'est-il pas un élément fondamental ? L'innovateur n'est-il pas un rêveur ?

Vivre de sa plume est une légitime exigence de l'auteur, alors pourquoi les écrivains médiatiques continuent une activité annexe ? À cause de droits d'auteur insuffisants, des ventes aléatoires, plus proportionnelles à la publicité, au parfum de scandale, à la polémique, qu'à la qualité.

J'approuve Simenon quand la notoriété lui permettait de déclarer impunément : "Je déteste que l'écrivain soit frustré d'une grosse partie de son travail et du fruit de son travail par des gens qui gagnent beaucoup plus que lui-même. Vous connaissez beaucoup d'éditeurs qui ont des châteaux, des hôtels particuliers etc ; voulez-vous compter sur les doigts le nombre d'écrivains qui en ont ?" *Il critiquait le système de l'intérieur, tout en pouvant en profiter au maximum. Aujourd'hui la peur d'être éjecté retient les installés. Ils gémissent, maudissent mais sourient devant les caméras.*

Quand un éditeur fait faillite, la profession se lamente ;

quand un auteur est obligé d'avoir une activité annexe, elle trouve cela normal. J'ose : l'auteur n'a pas à faire vivre un éditeur.

Fondamentalement rien n'a changé depuis Stendhal : "l'homme d'esprit doit s'appliquer à acquérir ce qui lui est strictement nécessaire pour ne dépendre de personne." *Mais aujourd'hui Balzac ne se ruinerait plus en voulant devenir son propre éditeur, il pourrait vivre de sa plume sans grand éditeur mondain parisien.* »

En 2013, malgré la prétendue bicentenaire révolutionnaire abolition des privilèges, faut-il faire allégeance aux grandes fortunes de France quand on est écrivain ?

Selon challenges.fr, Antoine Gallimard (et sa famille) serait la 224ème fortune de France avec 160 millions d'euros en 2012.

Il est "naturellement" devancé par Arnaud Lagardère (et sa famille) au 170ème rang avec 345 millions d'euros.

Lagardère Arnaud ? On ne martèle pas (et il sait rester discret, simplement envoyer des satisfecit à Nourry Arnaud chargé de faire remonter du cash) qu'il est le véritable patron chez Grasset, Stock, Fayard et compagnie, le groupe Hachette Livre.

Francis Esménard (et sa famille) 296ème avec 115 millions d'euros, fondateur et patron d'Albin Michel (il en contrôle toujours les trois quarts).

Dans "la famille" d'Antoine Gallimard au sens de challenges.fr, ne figure pas "Isabelle et Robert Gallimard et Muriel Toso", *conglomérat* classé au 321ème rang des fortunes de France avec 100 millions d'euros tout rond. Le site du mensuel note « *Ces familles, actionnaires historiques et proches d'Antoine Gallimard, conservent 38 % de l'éditeur (CA : 253 millions).* »

Hervé de La Martinière, 472ème (encore 60 M€), président-fondateur (il en conserve 29 %) de La Martinière, qui a racheté le Seuil en 2004.

Jacques Glénat (et sa famille) 472ème fortune de France également. Il m'est inconnu mais il s'agit d'un grenoblois, à la tête de *Glénat Edition,* sûrement un pilier dans la BD (Chiffre d'Affaire 80 millions en 2012 avec 673 nouveautés)

Tous devancés par Pierre Fabre, au 54eme rang des fortunes françaises avec 800 millions d'euros, en 2012... et mort en 2013 avec 1 200 M € ! Plus 50% ! Vive les subventions aux groupes en difficultés ! Pour le mastodonte pharmaceutique de Pierre Fabre, l'édition ne semble avoir été qu'un lobbying efficace, avec des "publications de vanité" pour les grands hommes, de François Hollande à Martin Malvy.

Que des subventions servent à enrichir toujours plus ces gens me semble plus scandaleux que le départ de Gérard Depardieu.

Que des écrivains tenus en laisse par ce système le défendent apparaît pitoyable ou / et significatif du niveau de manipulation dans lequel baigne notre activité.

Qui dirige quoi ?

Grasset, Fayard, Mille et une nuits, Stock, Lattès, Marabout, Mazarine, Pauvert, Le Masque, Calmann-Lévy, Editions 1, Editions des deux terres, Harlequin, Hachette illustré, Hachette Jeunesse / Deux Coqs d'or, Gautier Languereau, Le Chêne, Hazan, Hachette Pratique, EPA, Hachette Tourisme (Routard, Guides Bleus...), Pika, Albert-René. Et les autres. Ces maisons constituent Hachette Livre... groupe français d'édition, du groupe Lagardère.
Un chiffre d'affaires annuel supérieur à 2 milliards d'euros.

Derrière Hachette Livre : Editis (une partie de ce cher ex Vivendi Universal Publishing, partagé entre le groupe Lagardère et Wendel Investissement, d'un certain Ernest-Antoine Seillière, après la chute de monsieur Jean-Marie Messier), racheté en 2008 par le groupe espagnol Planeta.

Editis : Place des éditeurs, Presses de la cité, Solar, Belfond, Hors collection, Omnibus, Le Pré aux Clercs, Acropole, Hemma, Lipokili, Langue au chat, Pocket, Pocket Jeunesse, 10/18, Fleuve noir, Kurokawa, Langues pour tous, Le Cherche midi, First-Gründ, First Interactive, Le Dragon d'or, XO/Oh! Editions, Nathan, Le Robert...
Un chiffre d'affaires d'environ 750 millions d'euros.

Flammarion (Flammarion, Arthaud, Autrement, Père Castor, Casterman, Fluide glacial...) dépassait les 250 et Gallimard les approchait (malgré de belles marques : Gallimard bien sûr mais également Folio, La Pléiade, Denoël, Mercure de France, La Table ronde, P.O.L (87%),

65

Joëlle Losfeld...). En rachetant le premier, la grande famille s'est hissée en troisième position, devant France Loisirs, principal club de livres en France, filiale de l'allemand Bertelsmann jusqu'en mai 2011, racheté par la société d'investissement américaine Najafi, un chiffre d'affaires d'un peu moins de 400 millions d'euros.

Media Participations, leader dans la bande dessinée (Dargaud, Dupuis ou Kana) dépasse les 300 millions.

Le groupe Lefebvre Sarrut, Editions Législatives Francis Lefebvre, Dalloz, Juris Associations : 314 millions

La Martinière 260.

Et cinq distributeurs se partagent plus de 90% du marché : Hachette Distribution, Interforum (Editis), Sodis (Gallimard), Volumen (Seuil-La Martinière), Union Distribution (Flammarion).

La fusion Sodis - UD semble possible.

III) Un problème politique : le pouvoir des puissants lobbies…

Comme un écrivain indépendant

Non au consensus oligarchique

Certes, l'alternance paisible représente une grande victoire de la démocratie, une sécurité de paix sociale mais quand l'opposition ne porte plus aucun espoir, quand une oligarchie s'est installée dans l'ensemble des partis fondamentalement prétendus républicains, le vote extrémiste se banalise, monte régulièrement. Quand on se sent trahi, on peut, par dégoût, se tromper de colère.

Les femmes et les hommes politiques de ce pays m'indiffèrent de plus en plus mais leurs décisions influent tellement sur ma vie qu'il me faut bien, parfois, m'intéresser à leur modeste personne pour décoder leurs actions enrobées de sophismes.

Victime impuissante de l'eau imbuvable (eau de pluie, eau des ruisseaux…), de l'air vicié, des ondes qui nous inondent… mais il s'agit ici plus prosaïquement d'activité professionnelle. En achetant mes premiers sites Internet en l'an 2000 je fus des précurseurs de notre pays. J'aurais naturellement plongé avant si j'avais pu accéder à ce réseau. Car dès les premiers surfs, ce fut mon intention : ne pas être consommateur mais acteur de cet espace. Ensuite, s'égrenèrent des années de combats pour une connexion stable (ah ces mois où après 7 heures du matin, elle "tombait ") puis les vaines demandes pour un débit décent.

Je raconte dans « *viré, viré, même viré du Rmi* », la manière dont les services de monsieur Gérard Miquel, un éminent (également sénateur) membre du PS ont balayé mon projet d'un laconique refus.

Quant au changement Chirac – Sarkozy puis Sarkozy – Hollande, seuls les amis de ces clans ont peut-être ressenti une différence dans le domaine de l'édition. Un peu plus ou un peu moins de subventions mais entre oligarques la couleur politique se dépasse : peu importe le clan pourvu que vous partagiez les valeurs claniques. Il faut bien traiter les amis de ses adversaires politiques afin que nos propres amis soient bien nourris quand viendra l'alternance. C'est devenu cela, la démocratie ! Une alternance consensuelle.

La politique et les méthodes de cette gauche, dans le domaine culturel, ressemblent tellement à celles de la droite qu'il semble qu'elles s'inscrivent non dans un consensus démocratique mais dans un consensus oligarchique.

C'est cette oligarchie au pouvoir que je récuse, refuse. Certes, j'ai l'âge où je pourrais en faire partie ! Né sans relation, en deux décennies on doit en acquérir ! Elle sert à cela, la jeunesse !

Je conserve une haute estime de la littérature et tout auteur qui la met en dessous des politiques la salit. Je ne suis pas un homme de clans, ni de coteries ni de copinages. Même si l'expression fut portée à la poésie par Brassens, elle reste une connerie : « *les copains d'abord.* ». Jean-Louis Foulquier, en la reprenant pour une émission sur *France-Inter,* témoigna, sûrement bien involontairement, de l'état du monde de la chanson. L'univers littéraire ne vaut guère mieux. Comme j'essaye, malgré tout, de continuer à proposer mes textes aux interprètes « en marge », de produire des albums qui finiront peut-être collectors, je continue à publier…

C.R.L. Midi-Pyrénées

En juin 2002, dans *Le Webzine Gratuit* (http://www.lewebzinegratuit.com l'une de mes créations dans le but de devenir un média faute d'accès aux plus connus, mensuel délaissé, surtout faute de temps, malgré plus de 80 000 abonnés), en guise d'interview du mois, ce fut : l'attachée de la direction fantôme et les attachées de direction du Président en réunion...

Dix ans déjà ! Le budget s'exprimait alors encore en francs !

Avec un budget annuel de près de 4 millions de Francs (information du site Internet), le *Centre Régional des Lettres Midi-Pyrénées* a les moyens d'une ambitieuse politique culturelle.... Le CRL organise chaque année un Salon du livre de Toulouse Midi-Pyrénées (le huitième les 5 - 6 - 7 juillet 2002, place du Capitole)...
Une sortie de livre : l'occasion idéale de revenir à la charge (en 1998, Laurence Simon, connue dans la région pour sa farouche opposition à l'auto-édition, avait bien souligné éditeurs professionnels dans sa laconique réponse « *Votre qualité d'auteur-éditeur ne nous permet pas de vous intégrer à ce Salon, qui est limité aux éditeurs professionnels de Midi-Pyrénées* »), je peux désormais arguer de l'achat par Microsoft du droit d'utiliser mes premières publications pour « *apprendre le Français à ses logiciels de prochaine génération* » et citer Désiré Janicot, dont le dernier roman (en auto-édition naturellement) a obtenu le deuxième prix des écrivains ruraux, Désiré Janicot, un pilier des salons du livre du Sud-ouest, l'un des "*copains d'abord*" de Brassens (« *c'était pas la femme de*

Désiré c'était pas la femme d'Hector... » - Hector, le frère de Désiré...), dont la Gaumont a récemment acquis les droits de deux livres, Désiré également non invité pour "statut juridique"...

Normalement, un Centre Régional des Lettres n'a pas vocation à être le Syndicat des Editeurs "professionnels" (renommés éditeurs subventionnés ?) ni celui des libraires de Toulouse...

Vous ne connaissez sûrement pas Laurence Simon... qui n'est plus au CRL... ce qui peut aider... Donc téléphone...

Stéphane Ternoise : - (...) puis-je parler à madame la directrice Laurence Simon ?

CRL Midi-Pyrénées : - Madame Laurence Simon n'est plus au CRL depuis octobre dernier (...) la prochaine directrice sera en poste au 1er septembre...

Stéphane Ternoise : - Votre position vis-à-vis de l'auto-édition ?

CRL Midi-Pyrénées (l'attachée de la direction fantôme donc) : - Je ne peux pas vous répondre... je suis là pour que l'association continue... mais au niveau des manifestations littéraires, rien n'est changé en ce jour... pour cela il faut attendre la mise en poste de la nouvelle direction...

Stéphane Ternoise - Donc fi des auteurs auto-édités !

CRL Midi-Pyrénées : - C'est des dispositions qui ont été prises par des supérieurs.

Stéphane Ternoise - Alors pourquoi appeler salon du livre et non salon des éditeurs subventionnés ?

CRL Midi-Pyrénées : - Je ne sais pas... ce n'est pas moi qui prend cette décision... c'est des intitulés qui sont restés des années précédentes...

Stéphane Ternoise - ça ne vous dérange pas d'être dans une association où l'argent public sert à des éditeurs ? [j'exagère ?]

CRL Midi-Pyrénées : - Je suis en intérim... même si je suis là depuis trois ans... on ne me demande pas mon avis... je fais tourner mais je n'ai aucun pouvoir de direction.

Stéphane Ternoise : - Qui faut-il voir ? Monsieur le ministre Martin Malvy [président de Région, ex-ministre... quand on s'en souvient il faut toujours dire monsieur le Ministre à un ancien ministre...] ?

CRL Midi-Pyrénées : - Écrivez au Président du CRL, monsieur Alain Bénéteau.

Stéphane Ternoise : - Quel est son pouvoir ?

CRL Midi-Pyrénées : - Il a le pouvoir d'un président en association... il vous répondra, je pense, d'attendre l'arrivée de la nouvelle directrice...

Stéphane Ternoise - S'il y a un gros problème au CRL ? [je souris en posant la question, hésitant à parodier Renaud : en cas de guerre, en cas de crise ou victoire des fachos]

CRL Midi-Pyrénées : - Immédiatement, j'appelle monsieur Bénéteau.

La sympathique attachée de la direction fantôme (qui n'a malheureusement pas la qualification exigée du poste... pourtant je préférerais discuter avenir avec elle plutôt qu'avec une sous-madame-Simon), me fournit le contact de monsieur Bénéteau...

Immédiatement, j'appelais monsieur Bénéteau, tout en remarquant « l'intérim » de trois ans.

Bénéteau Alain, PS Haute-Garonne, Premier Vice-président du Conseil Régional Midi-Pyrénées... Commission permanente - Environnement et développement durable - Industrie (PME-PMI, grands groupes et services à l'industrie) - Recherche, transferts de technologies et enseignement supérieur.

Non je ne lui chanterai pas "maintenant qu'on est socialistes, fini le pognon aux éditeurs, on veut des subventions pour les auteurs, et même pour l'auto-édition, parait qu'y'a pas qu'des cons" (toujours pour parodier Renaud). M'aurait-il répondu "trublions trublions tu vas prendre des gnons..." (monsieur Bénéteau fut également bercé du côté de Renaud ?)

Premier appel (21 juin). Attachée de direction de monsieur Bénéteau, très aimable...
Stéphane Ternoise : - (...) Pour faire bouger un peu le CRL il faut quelqu'un d'un peu connu sûrement ?
Réponse : - Oui... je pense que maintenant peut-être il y aura une autre politique qui va être mise en place... je pense qu'il vaut mieux que vous en parliez directement avec monsieur Bénéteau et après avec la nouvelle directrice, madame Tabarly, qui va arriver le 1er août... je ne vous promets pas qu'il pourra vous rappeler aujourd'hui... mais lundi...

Deuxième et troisième appels (25 juin). Deuxième attachée de direction de monsieur Bénéteau, très aimable... Le troisième appel, vers midi, comme demandé.
Réponse : - Malheureusement monsieur Bénéteau se retarde, il va venir directement pour le déjeuner qui l'attend à 12 heures 30... hier il a enchaîné réunion sur réunion, c'est vrai qu'il a beaucoup de gens à rappeler... cet après-midi... soit avant 16 heures soit après 16 heures (sic).

Je notais également dans ce webzine : rejeter l'auto-édition au nom de la sélection par le statut éditeur professionnel est AU MIEUX un aveu d'incompétence : l'auteur-éditeur est éditeur, a un numéro d'éditeur qu'on retrouve dans l'ISBN, est affilié SIRENE ; code APE 923A Activités Artistiques.

Un jour, j'ai enfin obtenu, par mail, une courte réponse de monsieur Alain Bénéteau, président du CRL donc, il souhaitait me rencontrer... « *pour débattre de cette question* »... Et m'accorda un « *nous ne pouvons probablement pas rester sur une situation non évolutive.* »

Si, naturellement, les grandes idées priment en politique (hum hum), des questions de luttes entre hommes peuvent interférer, on parle même de luttes intestines quand il s'agit de confrontations dans un même corps, genre socialiste. Martin Malvy et Alain Bénéteau furent en compétition avant les régionales de 1998 et les 9 000 militants socialistes de Midi-Pyrénées ont voté pour départager l'ancien ministre du Budget - député du Lot et le secrétaire fédéral du PS de Haute-Garonne.
Martin Malvy qualifié de « *fabiusien patenté dont on ne peut pas exclure qu'il cherche à nuire à Jospin* » et Alain Bénéteau d' « *enseignant rocardien raccroché par opportunisme aux branches du jospinisme.* » Selon un article de liberation.fr, donc sérieux.
Quand il quitta ses fonctions de 1er secrétaire fédéral, Alain Bénéteau déclara à leur *dépêche du midi* du 22 janvier 1999 « *Pendant trois ans, j'ai toujours constaté que, de manière larvée ou plus explicite, l'esprit de clans n'a pas quitté certains. Pour eux, la capacité de nuire et de destruction est plus forte que celle de construire. C'est une minorité agissante. Tant que le parti n'aura pas réglé cette question au fond, il continuera à s'affaiblir.*" (interview découverte sur internet, naturellement)

Un « *esprit de clans* » au Parti Socialiste ? Oh ! Dans un sketch, je m'étonnerais surtout de la présence de cet esprit ! (déformation professionnelle)

« *Aux élections de mars 2010, j'ai quitté à regret le conseil régional* » confesse Alain Bénéteau dans "*Les régions françaises au milieu du gué : Plaidoyer pour accéder à l'autre rive*", publié chez *l'Harmattan* et partiellement disponible sur books.google.fr. Publication qui devrait permettre à l'ancien président du CRL de postuler pour une prochaine bourse ?
Ternoise et Bénéteau sont dans un bateau, Malvy se promène tranquillement sur la plage, que font Ternoise et Bénéteau ? Si j'ai le temps, j'essayerai de contacter le nouvel auteur, lui proposerai un dialogue sur l'édition.

Une pensée pour cette attachée de direction 2002, et son « *peut-être il y aura une autre politique qui va être mise en place...* » Quatre années s'étaient pourtant déjà écoulées depuis l'arrivée à la présidence de monsieur Malvy. A-t-il lui également, un jour, proclamé « *le changement, c'est maintenant* » ?

Avril 2011, communiqué de presse du CRL Midi-Pyrénées, par l'intermédiaire de monsieur Hervé Ferrage, son directeur.
Sobrement intitulé : "*LE NUMERIQUE ET LES MÉTIERS DU LIVRE*" ; la création d'un groupe de travail régional sur le livre numérique. Leur objectif : un livre blanc.
Intéressant ? Qui, dans ce groupe de travail ? Des « *professionnels du livre et de la lecture.* »

Deux membres de structures financées par la région Midi-

Pyrénées : naturellement Hervé Ferrage, le directeur du CRL, dont l'approche pourrait ressembler à celle de Jean-Paul Lareng, directeur de l'ARDESI Toulouse (Ardesi, Agence Régionale pour le Développement de la Société de l'Information en Midi-Pyrénées, une association Loi 1901, créée et financée par la Région Midi-Pyrénées).

Quatre éditeurs : Patrick Abry, des *Editions Xiao Pan* de Figeac ; Marie-Françoise Dubois-Sacrispeyre, *Editions Erès* à Toulouse ; Philippe Terrancle, *Editions Privat* à Toulouse, et on peut classer Joël Faucilhon chez les éditeurs, étant donné qu'il représente *Lekti-ecriture* d'Albi (organisme qui rassemble 70 éditeurs indépendants selon leur site internet).

Trois libraires : Benoît Bougerol, président du Syndicat de la Librairie Française et directeur de *La Maison du Livre* de Rodez ; François-Xavier Schmitt, de *L'Autre Rive* à Toulouse ; Christian Thorel d'*Ombres Blanches* également de Toulouse.

Six représentants d'organismes publics au sens large : Michel Fauchié, de la Médiathèque José Cabanis à Toulouse, chargé des technologies numériques ; Marie-Hélène Cambos, des archives départementales de la Haute Garonne ; Frédéric Bost-Naimo, de la Médiathèque de Colomiers, noté "*bibliothécaire du secteur Musique*" ; Karine de Fenoyl, de la Médiathèque Municipale d'Albi, aussi responsable du secteur Musique ; Jean-Noël Soumy, conseiller pour le livre à la DRAC ; Sandrine Malotaux, directrice SCD de l'Institut national polytechnique de Toulouse.

Et un auteur, Xavier Malbreil, qui a donc accepté d'être "notre" représentant face à ces gens qui n'écrivent pas.

Mais que les notables se rassurent, l'auteur n'est pas un de ces indépendants qui essayent de vivre de leur plume contre lobbies et préjugés, il enseigne, serait même critique d'art numérique et enseignant à l'université de Toulouse II-Le Mirail, auteur d'un livre intitulé *La Face cachée du Net*, publié en 2008 chez *Omniscience*. Cursus léger pour représenter les écrivains face à un tel cénacle mais sûrement suffisant pour le rôle du "bon auteur".

Observer la liste de ces "*professionnels du livre et de la lecture*" est suffisant pour connaître les grandes lignes du livre blanc qu'ils présenteront sûrement comme un document essentiel, remis à monsieur Martin Malvy et validé comme la nouvelle ligne directrice de la politique de la région en faveur du livre.

Ils peuvent même annuler leurs réunions et se contenter du communiqué de presse, des deux points : "*le numérique est devenu un enjeu central*" et "*les pratiques des lecteurs et leurs évolutions dicteront leur loi.*"

Certes, ils confessaient immédiatement leur a priori en écrivant : « *les libraires indépendants lancent leur portail de la librairie indépendante, 1001libraires.com, et défendent leur rôle indispensable de médiateurs.* »

En mai 2012, il était noté : « *D'ici l'été 2012, le groupe de travail proposera un ensemble de recommandations sous la forme d'un livre blanc du numérique* ». Sans même nous fournir quelques-unes des grandes recommandations qui ne manqueront pas de révolutionner le secteur ! Depuis, rien de visible !

Le Centre Régional des Lettres Midi-Pyrénées, selon sa présentation officielle, se prétend au cœur de la politique du livre en région, « *plate-forme d'échanges, de débats et de partenariats entre acteurs de la chaîne du livre. Qu'il s'agisse de conseil, d'expertise, de financement ou de mise en réseau, le CRL accompagne auteurs, éditeurs, libraires et professionnels des établissements documentaires de la région Midi-Pyrénées dans leurs projets.* »

La page "*missions*" le prétend : « *à l'écoute de leurs préoccupations en un temps où la révolution numérique transforme en profondeur les métiers du livre.* »

Qu'entend le CRL par « *Soutenir la création et la chaîne du livre* » ?
La réalisation d'études et l'attribution d'aides « aux acteurs du livre. »

Qui sont ces acteurs du livre ?

« - *Auteurs : bourses d'écritures versées par le CRL pour favoriser la création littéraire en Midi-Pyrénées.*

- *Editeurs : présence à Vivons Livres ! Salon du livre Midi-Pyrénées, aides aux déplacements hors région (entre autres le Salon du livre de Paris), aides à la fabrication et à la traduction, toutes versées par la Région Midi-Pyrénées.*

- *Libraires : mise en place d'une politique d'aide à la librairie indépendante, financée majoritairement par la Région Midi-Pyrénées, avec le soutien de la DRAC.* »

Oui des librairies sont aidées avec de l'argent public, à l'heure où la numérisation, le changement de modèle économique, devrait être la préoccupation majeure.

Dans les **critères d'attribution des bourses d'écriture 2012** (9 bourses par an chacune d'un montant maximum de 8 200 €), les auteurs-éditeurs, même professionnels, sont exclus d'une phrase : « *l'auteur doit avoir publié au moins un livre à compte d'éditeur (sous forme imprimée).* »

Certes ne figure plus dans la rubrique "Sont exclus :" la phase « *l'auto-édition (éditions à compte d'auteur et éditions à compte d'auteur pratiquées par un éditeur professionnel).* » Oui, le professionnalisme du CRL donna cette définition de l'auto-édition !

Encore fin 2011 début 2012, je suis reparti au combat (c'est fatiguant ! mais il le faut parfois pour présenter des faits concrets, des réponses). Il arrive un moment où le comportement de ces gens qui se gargarisent de soutenir la culture devient insupportable.

Le mardi 9 août 2011 à 13:00 j'écrivais à l'adresse mail spécifiée sur le site, à la responsable du dossier des bourses du CRL :

« Bonjour,

Dramaturge joué (France, Biélorussie, Madagascar et sûrement dans quelques autres pays de manière illégale, comme ce fut le cas en Biélorussie dans un festival organisé par l'ambassade de France)

Auteur de chansons chanté.

Romancier, essayiste, dont les livres sont lus. 14 livres en papier.

Citoyen lotois, donc de Midi-Pyrénées.

Auteur vivant modestement de sa plume en indépendant (auteur-éditeur, aucune subvention ni rsa...)

Je suis naturellement inscrit dans une démarche numérique, avec une 20taine d'ebooks distribués sur les plus grandes plateformes numériques.

Des auteurs bénéficient de subventions
http://www.crl-midipyrenees.fr/creation-et-vie-litteraires/aide-a-la-creation

Il est noté "au moins un ouvrage à compte d'éditeur."
Est-il indispensable de travailler pour des éditeurs subventionnés et membres du SNE pour proposer un dossier de candidature ?

Je suis déclaré en profession libérale, auteur-éditeur, avec numéro de siren et tva intracommunautaire.

Je suis donc un écrivain professionnel (http://www.ecrivain.pro) et j'aimerais connaître votre position, la position du CRL.

Amitiés
Stéphane Ternoise
http://www.ecrivain.pro »

Le jeudi 27 octobre 2011 à 09:22, en l'absence de toute réponse, j'écrivais de nouveau :

« Bonjour,

Surpris de ne pas avoir obtenu de réponse au mail du 9 octobre, cela me permet de préciser quelques évolutions encore plus positives depuis cette date :

Dramaturge joué (France, Biélorussie, Madagascar et sûrement dans quelques autres pays de manière illégale, comme ce fut le cas en Biélorussie dans un festival organisé par l'ambassade de France) désormais traduit en anglais et allemand (une pièce publiée et distribuée sur Itunes, Amazon, la Fnac... :

- Traduction Kate-Marie Glover The Teddy (Bear) Whispererhttp://librairie.immateriel.fr/fr/ebook/97823654 10311/the-teddy-bear-whisperer

- Traduction Jeanne Meurtin Das Mädchen mit den 200 Schmusetieren http://librairie.immateriel.fr/fr/ebook/9782365410342/das-m%C3%A4dchen-mit-den-200-schmusetieren)

Auteur de chansons chanté.

Romancier, essayiste, dont les livres sont lus. 14 livres en papier (http://www.ecrivain.pro).

Citoyen lotois, donc de Midi-Pyrénées.

Auteur vivant modestement de sa plume en indépendant (auteur-éditeur, aucune subvention ni rsa...)

Je suis naturellement inscrit dans une démarche numérique, avec une 40taine d'ebooks distribués sur les plus grandes plateformes numériques (vie mon edistributeur Immateriel).

Naturellement je soutiens le livre numérique et l'arrivée du Kindle fut une date essentielle pour les écrivains français.

Je suis même parfois classé dans le top 100 des ventes Amazon Kindle :

http://www.ecrivain.pro/top100amazon20111026.html (hé oui, bien devant des écrivains qui ont pourtant obtenu une bourse CRL les années précédentes...)

Bizarrement, quand le CRL a lancé une commission sur l'ebook, il ne m'a pas contacté alors qu'au moins dans la région je suis une référence du domaine...

Des auteurs bénéficient de subventions
http://www.crl-midipyrenees.fr/creation-et-vie-litteraires/aide-a-la-creation
Il est noté "au moins un ouvrage à compte d'éditeur."

Est-il indispensable de travailler pour des éditeurs subventionnés et membres du SNE pour proposer un dossier de candidature ?

Je suis déclaré en profession libérale, auteur-éditeur, avec numéro de siren et tva intracommunautaire.

Je suis donc un écrivain professionnel (http://www.ecrivain.pro) et j'aimerais connaître votre position, la position du CRL. Naturellement, je souhaite déposer un dossier de bourse du CRL et je serais choqué qu'un écrivain professionnel ne puisse y prétendre.

Amitiés
Stéphane Ternoise
http://www.ecrivain.pro »

À 10 heures 07 je recevais une confirmation de lecture et à 13:22, enfin une réponse :

« Bonjour,

Je vous prie de m'excuser mais je suis assez prise en ce moment par la préparation de notre salon du livre Vivons Livres !, qui se tiendra les 5 & 6 novembre à Toulouse et je n'instruirai les dossiers de demande de bourses qu'après cette date. Merci de votre compréhension

Vous pouvez me contacter d'ici une quinzaine de jours

Pour info je rappelle que :

Le Centre Régional des Lettres attribue des bourses

d'écriture aux auteurs et aux illustrateurs dans le domaine de la création littéraire, des sciences et des sciences humaines au sens large, afin de leur permettre de libérer du temps pour mener à bien un projet d'écriture.

Pour solliciter une bourse d'écriture tout auteur doit remplir les conditions suivantes :

- Résider en région Midi-Pyrénées

- Avoir publié au moins un ouvrage en langue française, à compte d'éditeur, chez un ou des éditeurs assurant une diffusion et une distribution dans un ensemble significatif de librairies sur le territoire national.

- Etre auteur ou coauteur d'un ouvrage à part entière (ne sont pas considérées comme conditions suffisantes : illustrations de couverture, publications collectives ou en en revue)

Vous trouverez sur le site du CRL les modalités d'attribution. http://www.crl-midipyrenees.fr/creation-et-vie-litteraires/aide-a-la-creation/

Bien cordialement

Eunice Charasse
Chargée de la formation et de la vie littéraire
Centre Régional des Lettres Midi-Pyrénées
7, rue Alaric II
31000 TOULOUSE »

Il convient de noter « *une diffusion et une distribution dans un ensemble significatif de librairies sur le territoire national.* » Donc, selon le CRL, il n'existe aucun problème de diffusion du livre papier en France ! Les distributeurs et les libraires sont des gens adorables !
Je répondais quasi immédiatement, à 13:54 :

« Bonjour Eunice,

C'est justement la phrase
"Avoir publié au moins un ouvrage en langue française, à compte d'éditeur, chez un ou des éditeurs assurant une diffusion et une distribution dans un ensemble significatif de librairies sur le territoire national." qui peut poser un problème. Si elle est appliquée au pied de la lettre cette mesure est une intolérable distorsion de concurrence, sachant que je suis auteur-éditeur professionnel, que je pratique la vente directe des livres papier (14) depuis des années et l'ensemble des ebooks sont même mieux distribués que ceux édités chez Gallimard. Etant auteur-éditeur, correctement diffusé, je ne vois pas l'intérêt de travailler avec un éditeur versant des droits dérisoires, même en numérique.

Donc j'aimerais des précisions sur votre application de ce terme et votre avis sur ma condition d'auteur-éditeur en région Midi-Pyrénées, d'ailleurs non invité à votre salon du livre...

Amitiés

Stéphane Ternoise

http://www.ecrivain.pro »

Aucune réponse. La date limite fut donc franchie et cette personne payée par l'argent public n'a pas répondu à la question.
Surprise : le mercredi 4 janvier 2012, un message adressé à 6 adresses mails, dont la mienne, et deux Copies Conformes.

« Sujet : Bourse CRL

Bonjour,

Vous aviez émis le souhait de déposer un dossier de demande de bourse au CRL.

À ce jour je n'ai rien reçu.

Pouvez-vous me joindre pour en discuter SVP au 05 34 -- -- -- ?

Soit vous ne pouvez prétendre à cette bourse au vu des critères d'éligibilité

Soit vous m'avez envoyé le dossier mais il y a eu un problème de réception car je n'ai aucun dossier en ma possession

Merci de m'en informer

Cordialement et Très Belle Année à vous

Eunice Charasse
Chargée de la formation et de la vie littéraire
Centre Régional des Lettres Midi-Pyrénées
7, rue Alaric II
31000 TOULOUSE »

Je répondais ce mercredi 4 janvier 2012 à 12:24

« Bonjour Eunice,

Le problème, c'est votre absence de réponse aux questions soulevées en 2011.

En résumé : est-ce que le CRL Midi-Pyrénées mène une politique pro-installés ou a une démarche de soutien à la littérature ?

La phrase " Avoir publié au moins un ouvrage en langue française, à compte d'éditeur, chez un ou des éditeurs assurant une diffusion et une distribution dans un ensemble significatif de librairies sur le territoire national" peut poser problème, sachant que je suis mon propre éditeur (professionnel). J'assure à mes écrits une large diffusion. Mon théâtre est joué en France et à l'étranger. Mes textes de chansons sont chantés. Mes romans sont lus.

Si vous suivez le développement des ebooks autrement que dans une vague commission où siègent des libraires et autres représentants de l'économie du livre verrouillée par Lagardère and Coe, vous connaissez sûrement certains de mes textes (parfois classés dans le Top 100 Amazon Kindle).

Est-il utile que je réalise un dossier ?

Meilleurs vœux littéraires 2012.

Amitiés

Stéphane Ternoise

http://www.ecrivain.pro »

Confirmation de lecture parvenue le 04 à 12:56. Mais aucune réponse.

Le jeudi 5 janvier 2012 09:16 :

« Bonjour Eunice,

Je note votre nouvelle absence de réponse.

J'ai bien noté que vous n'avez d'abord pas répondu à ma demande en septembre 2011 puis à la suivante. Vous avez attendu le passage de la date limite pour envoyer les dossiers...

Quelle est votre motivation ?

En exigeant un contrat en compte d'éditeur, vous êtes dans l'erreur et le savez ?

J'ai signé un contrat de distribution avec IMMATERIEL qui me permet d'être distribué comme Gallimard. Je suis considéré comme éditeur par l'administration fiscale et vous placez une discrimination sur mon statut en exigeant que je passe par un éditeur qui verse des droits d'auteur dérisoires.

Avec Immateriel, 60% du prix HT me revient. Si j'étais chez votre ami Lagardère, je ne serais même pas à 10%.

Naturellement, j'écrirai de nouveau sur ce sujet...

Amitiés
Stéphane Ternoise
http://www.ecrivain.pro »

Depuis : rien.

L'actuel Président du CRL se nomme Michel PEREZ. Il est joignable par mail au « secrétariat. » Deux messages, une réponse le mardi 22 janvier 2013 11:37 de madame Monique Godfrey, collaboratrice des élus du groupe Socialiste et Républicain, Région Midi-Pyrénées, directement interpellé dans le deuxième message. « *Monsieur Perez a un agenda assez chargé en ce début d'année, cela ne signifie pas qu'il ne s'intéresse pas aux problèmes qui lui sont soumis. Il est donc possible qu'il ait prévu de vous répondre mais qu'il n'ait pas pu le faire comme il le souhaite jusqu'à présent. Nous devons faire un point sur bon nombre de choses ce jeudi, je lui ferai part de vos interrogations.* »

Il est "naturellement" Conseiller régional. Retraité de l'Education Nationale, adjoint au maire de Saint Gaudens. Comme à la même époque une lettre recommandée fut envoyée à monsieur Malvy, il est possible que le jeune président du CRL ne soit pas autorisé à me répondre (j'ignore le fonctionnement de ces structures ; faut-il demander une autorisation au grand chef quand déboule une question impertinente ?).

Le 4 mars 2013, relisant ce texte, je pensais convenable d'écrire une nouvelle bafouille destinée au CRL, par mail. Oui, certains ont droit aux recommandés pour d'autres je me contente du mail ! (analysez cette différence de traitement !)

Bonjour Madame Godfrey,

Suite à votre message du 22 janvier à 11 heures 37, et à votre point du 24 avec Monsieur Perez Michel, je constate, cinq semaines plus tard, l'absence de réponse du président du CRL. J'ai bien noté que M. Perez a "*un agenda assez chargé en ce début d'année*" et je vous confirme ne pas être membre du PS, pas même du PRG.

D'après les informations qui me sont parvenues, il semblerait qu'au sein du Conseil Régional, personne ne connaisse l'existence d'une profession libérale auteur-éditeur, ainsi déclarée à l'urssaf (N°SIREN ----------) et au service des impôts (déclaration contrôlée, BNC, avec même un numéro de TVA Intracommunautaire FR42------ --- dans mon cas).

Il semblerait que le CRL, sûrement victime de notes de lobbies, pense financer les "*opérateurs les plus exposés*" et même les "*petites structures d'édition.*" Monsieur Alain

Bénéteau, en son temps de président du CRL, sembla pourtant prendre conscience du problème. Mais visiblement, l'information s'est perdue (vous vous souvenez sûrement de M. Bénéteau, qui a exprimé dans un livre ses regrets de ne plus participer à cette vénérable assemblée régionale).

J'aimerais donc simplement connaître les motivations de Monsieur Perez au sujet de cette discrimination dans la politique du CRL.

Pensez-vous, Monsieur Perez, comme moi et Emmanuel Todd, qui le résuma d'une phrase médiatisée « *la vérité de cette période n'est pas que l'État est impuissant, mais qu'il est au service de l'oligarchie* » ?

Pensez-vous, Monsieur Perez, qu'il faille attendre 2015 pour une prise en considération des réalités de notre région ? Ou êtes-vous ouvert à une remise en cause de la captation par des installés de l'argent public prétendu culturel ?

La révolution numérique est une formidable opportunité pour les écrivains, il est dommage que les élus se situent du côté des puissants plutôt que de soutenir les créateurs. Vous le pensez sûrement, Monsieur Perez. Mais il arrive un jour, quand on est aux responsabilités, où il faut oser s'attaquer aux privilèges pour mener une politique juste. Non ? Oui, je suis un citoyen plutôt de gauche !

Veuillez agréer, Madame Godfrey, Monsieur Perez, mes très respectueuses considérations.

Un avis de confirmation de lecture m'est parvenu dans la soirée.

Envoyé : lundi 4 mars 2013 16:13:46 (UTC+01:00) Bruxelles, Copenhague, Madrid, Paris a été lu le lundi 4 mars 2013 21:16:41 (UTC+01:00) Bruxelles, Copenhague, Madrid, Paris.

[Début 2014 : rien. Monsieur Hervé Ferrage est parti semer la bonne parole culturelle à l'étranger (dans une structure visiblement également gloutonne d'argent public) et son successeur répondre peut-être un jour à mes deux premiers mails.]

Bourses d'écriture 2013 : critères et modalités d'attribution

Le C.R.L peut attribuer une dizaine de bourses par an pour un montant maximum de 8 000 €, versées sur 6 mois.

Critères d'attribution :
- l'auteur doit résider en Midi-Pyrénées,
- l'auteur doit avoir publié au moins un livre à compte d'éditeur (sous forme imprimée),
- une période de trois ans doit s'écouler entre l'attribution de deux bourses du C.R.L. Midi-Pyrénées à un même auteur et l'ouvrage pour lequel la première bourse a été attribuée doit avoir été publié entre-temps,
- un auteur ne pourra se voir attribuer plusieurs aides publiques pour un même ouvrage.

Le département du Lot

J'ai contacté, début 2012, Monsieur le 6ème vice-président, Monsieur Gérard Amigues, « Vous êtes chargé de la culture, du patrimoine et des usages informatiques, et qui plus est avez participé au livre *Archives de pierre les églises du Moyen âge dans le Lot.* Vous connaissez donc parfaitement le sujet sur lequel je me permets de vous questionner.

Ce livre *Archives de pierre les églises du Moyen âge dans le Lot,* qui semble intéressant dans sa présentation officielle, est spécifié "*fruit des six années d'inventaire et études scientifiques de l'architecture médiévale du département, menés depuis 2005 par le Conseil général du Lot et la Région Midi-Pyrénées dans le cadre de l'Inventaire général du patrimoine culturel, avec la collaboration de l'Université Toulouse-Le Mirail.*"

Ce livre est spécifié "*coécrit sous la direction de Nicolas Bru, conservateur des Antiquités et Objets d'Art, par Gilles Séraphin, architecte du Patrimoine, Maurice Scellès, conservateur en chef du Patrimoine, Virginie Czerniak, maître de conférences en histoire de l'art, Sylvie Decottignies, ingénieur d'études, et Gérard Amigues, vice-président du Conseil général.*"
J'ai aussi lu la page 25 de "Contact Lotois", entièrement dédiée à sa publicité.

Et pourtant, je n'en ai trouvé aucune version numérique gratuite.

Toute recherche payée avec l'argent public devrait

désormais conduire à une publication gratuite en ebook. C'est la position défendue dans plusieurs de mes e-books. La considérez-vous scandaleuse ?

Gilles Séraphin, Virginie Czerniak, Sylvie Decottignies, semblent donc avoir été payés par leur employeur pour travailler sur cet ouvrage. Il est possible que vous considériez que votre participation ne participe pas de vos fonctions d'élu. Donc est-ce votre contribution qui empêche la mise à disposition gratuite de cet ouvrage collectif ?
Il me semble "surprenant" mais surtout anachronique, que le département offre aux éditions Silvana Editoriale (plus un imprimeur lotois ?) et aux libraires, la possibilité de se partager la majeure partie des 39 euros de cet ouvrage. Pas vous ?»

Sa réponse eut le grand mérite de la clarté : la « *publication a été confiée à un éditeur spécialisé, sous la forme d'un pré-achat lui assurant la viabilité économique du projet. Les auteurs ont été rémunérés dans le cadre de leurs fonctions générales pour les institutions qui les emploient, et non spécifiquement pour la rédaction de l'ouvrage : ils ont concédé leurs droits d'auteurs payants, ce qui a permis de baisser le prix de vente unitaire au profit de l'acheteur.* » Oui, monsieur Gérard Amigues a bien noté au profit de l'acheteur, et non de l'éditeur, et non des libraires. 39 euros, aucun droit d'auteur à payer, un pré-achat par le Conseil Général du Lot ! Un éditeur bien engraissé ! Et des libraires qui toucheront une rondelette somme ! J'ai naturellement essayé de continuer ce dialogue postal en lui signalant, le 20 juillet 2012, qu'il est infondé de prétendre « *sans garantie de pérennité dans le temps au regard d'évolutions technologiques permanentes pouvant rendre de tels supports rapidement obsolètes »* au sujet des ebooks.

La première partie de sa phrase contenant aussi un élément contestable « *il n'a pas été envisagé de développer de version ebook de l'ouvrage, dans la mesure où cela aurait engendré un coût de développement plus important pour les deux collectivité partenaires* », je lui ai donc appris qu'il suffit de quelques heures (pour la gestion des tables) pour transformer un document word ou works en ebook, à comparer aux "*six années d'inventaire et études.*" Malheureusement, il semble que le dialogue soit interrompu !

Profitant de la relecture de la Saint Casimir, me sentant en verve après la bafouille à monsieur Perez, j'ai pensé qu'une pathétique longue lettre en recommandé susciterait peut-être une risible réponse ! Oui, je doute que monsieur Amigues prenne son bâton de justicier pour transformer la politique du CRL. Go ! Je pense inévitable les redites avec d'autres lettres ! Vive le copier coller... l'essentiel étant de les titiller au point qu'ils concèdent des réponses dont l'histoire (après les lectrices et lecteurs de mes livres) se chargera du jugement.

Monsieur Gérard AMIGUES
6ème vice-président,
Conseil général du Lot
Avenue de l'Europe - Regourd
BP 291
46005 Cahors cedex 9

Montcuq le 4 mars 2013

93

Monsieur le 6ème vice-président,

D'après les informations collectées, il semblerait qu'au sein du CRL Midi-Pyrénées, où vous siégez, nul ne connaisse vraiment l'existence d'une profession libérale auteur-éditeur, ainsi déclarée à l'urssaf (N°SIREN ---------) et au service des impôts (déclaration contrôlée, BNC, avec même un numéro de TVA Intracommunautaire FR42--------- dans mon cas). L'édition, ce serait soit du compte d'éditeur soit le compte d'auteur. L'indépendance n'existe pas (ou doit être assimilée au compte d'auteur ?).

Connaître vraiment serait respecter. Non ?

L'auto-édition (autre appellation pour l'administratif auteur-éditeur) est une vraie profession. J'en suis même l'un des symboles au niveau national, auteur du "*manifeste de l'auto-édition.*" Madame Aurélie Filippetti, ès ministre de la Culture, écrivait d'ailleurs récemment « *l'auto-édition est riche de promesses.* » Mon combat pour sa reconnaissance passe donc par la dénonciation de votre position, de votre politique.

Vivant depuis 1996 dans le Lot, vous auriez pu devenir, Monsieur Amigues, un interlocuteur privilégié de mon activité artistique. Les portes de l'Adda me furent fermées d'une manière peu élégante. Aucune manifestation d'envergure ne sembla intéressée par ma présence. Vous préférez financer d'autres domaines, de la librairie aux éditeurs en passant par le passé.
14 livres en papier, une soixantaine d'ebooks, 12 pièces de théâtre, 3 albums d'auteur (interprétés par une vingtaine d'artistes), quelques centaines de photos publiées et pourtant des revenus très faibles.

Mon indépendance a semblé vous déplaire ! Le Lot, terre des clans, n'aime pas les indépendants ?
Je vais donc quitter le Lot, quitter la France.

Mes revenus littéraires me permettent d'envisager des conditions de vie décentes uniquement dans un pays d'Afrique francophone.

Depuis des années, je tiens en vivant de peu, sous le seuil de pauvreté, en travailleur indépendant, une modeste profession libérale. Je paye mes charges Urssaf, rsi... et il arrive un moment où il devient impossible de vivre avec encore moins.

Vous siégez au CRL, vous êtes donc également responsable de l'exclusion des écrivains indépendants des bourses d'auteur. Oui, avec 8000 euros je passais ce tunnel. Mais mon dossier n'est pas recevable : je suis un travailleur indépendant, une profession libérale. Pour avoir lu quelques confrères qui ont bénéficié de ces aides, je peux pourtant vous assurer que mes écrits ne sont pas forcément inférieurs ! Naturellement, je poserai publiquement et politiquement la question de la constitutionnalité d'une telle discrimination. D'ici ou d'ailleurs.

Pensez-vous, Monsieur Amigues, comme Emmanuel Todd, qui le résuma d'une phrase médiatisée « *la vérité de cette période n'est pas que l'État est impuissant, mais qu'il est au service de l'oligarchie* » ? (www.oligarchie.fr approuve naturellement !)

Les plus riches quittent la France car ils ne se considèrent redevable de rien et les plus pauvres ne peuvent plus vivre dans ce pays où l'argent de la culture est siphonné par des installés et des structures. L'échec moral de la gauche se situe également dans ce constat.

Je continuerai donc d'écrire ailleurs (sauf naturellement si mes dernières publications, que je lance ces jours-ci dans une perspective stendhalienne de loterie, principalement l'essai racontant mes difficultés, et mon sixième roman, me permettent de rester ! c'est le côté merveilleux de l'aventure, presque tout reste possible jusqu'au mot fin, même si un tel happy end semble improbable), j'abandonnerai ainsi le projet de présenter les 340 communes du Lot en photos (je vais naturellement publier de manière symbolique, avec explications, Figeac et Limogne ; non il ne s'agit pas d'une demande de préface ; je m'en chargerai !)

La révolution numérique viendra également dans l'édition, Monsieur Amigues. Vous préférez écouter et soutenir les doléances des installés mais heureusement Amazon, Kobo, Itunes, Barnes & Noble et même Google parviendront à déchirer ce cordon de subventions et préjugés qui fige la création en France. Non, monsieur Amigues, la création ce n'est pas de l'animation sponsorisée par la *dépêche du midi* ! Nous ne sommes pas au service des municipalités, départements, régions, notre perspective est historique.
L'Histoire jugera sévèrement celles et ceux qui ont servi les intérêts des installés au détriment de la Culture. Il en fut toujours ainsi mais la grande différence, c'est l'accélération : ils étaient morts depuis bien longtemps, les politiques, quand l'opinion publique s'apercevait enfin de

leurs erreurs. Si vous aviez lu mes écrits depuis l'an 2000, vous sauriez qu'ils contenaient déjà ces analyses, dont le résumé rapide ne doit pas vous permettre de les écarter d'un sourire.

Mon problème est de tenir jusqu'en 2015. Il n'y a pas de place dans ce département pour un écrivain indépendant, OK, j'en prends note, monsieur le vice-président chargé de la culture. Il était donc normal que je vous écrive cette lettre. Avec la prétention de penser qu'elle restera.

Veuillez agréer, monsieur le 6ème vice-président, mes respectueuses salutations.

P.S. : j'ai bien noté votre absence de réponse à ma lettre du 20 juillet 2012.

[Ma lettre du 20 juillet 2012, il m'a répondu ne pas l'avoir reçue et joua au grand homme daignant apporter missive de politesse à une lettre outrageante... des banalités sans intérêt mais significatives du niveau amiguien ; début 2014, un nouveau direct est parti...]

Le système des éditeurs tient grâce aux politiques

De grandes fortunes furent acquises sur le dos des écrivains. Risible Aurélie F. s'en prenant à Ernest Antoine Seillière et soutenant Antoine Gallimard. L'exploitation des mineurs et sidérurgistes de Lorraine la remue donc plus que celle des écrivains ? Ses indignations sélectives peuvent se comprendre, mais être ministre nécessite de s'intéresser au bien public, en dehors de vieilles rancunes familiales.

Sans les bourses et autres aides, le système s'effondrerait : les écrivains se couchent car « ils savent » qu'autrement ils n'accéderont jamais aux honneurs (je me fous de ces honneurs peu honorifiques) et aux largesses officielles, résidences, bons repas des salons et donc l'argent. L'écrivain a également besoin d'argent. Peu, dans mon cas. Mais un minimum, néanmoins.

Ils tiennent les écrivains par l'argent. Donc il faut vivre de peu et combattre leur système en expliquant le rôle peu glorieux tenu par nos valeureux politiques.

Dans le domaine culturel, gauche et droite avec les installés, l'oligarchie

Les éditeurs obtiennent des lois et de l'argent pour maintenir leurs privilèges. Gauche ou droite, peu importe : la puissance des lobbies dépasse les frontières politiques. Certes, à droite, Lionel Tardy dénonça, en vain, à l'Assemblée, un texte « *écrit par les éditeurs, pour les éditeurs* » lors de l'étude de la meilleure manière de subtiliser les droits numériques aux écrivains (loi 2012-287 du 1er mars 2012), comme son homologue socialiste, David Assouline, au Sénat, s'exclama, lors des débats sur le prix unique du livre numérique « *Il est incompréhensible que les éditeurs nous disent que, s'il y a une économie de coût, les auteurs n'ont pas à bénéficier d'une rémunération digne et équitable ! Là où le marché du livre numérique s'impose, les économies sont importantes.* »
Frédéric Mitterrand et Aurélie Filippetti : la même politique, au service des oligarchies, que ce soit en littérature, musique ou cinéma. Peut-être, finalement, peut-on appliquer le raisonnement à d'autres ministères. Mais c'est un autre sujet !

Bien que me sentant plutôt de gauche, dans la France actuelle je ne suis ni de gauche ni de droite.
Si tu es un artiste, tu es de gauche ! Sinon tu es de droite et tu n'es pas un artiste ! Ce genre de raisonnement se rencontre encore ?
Jack Lang en 1981 : « *on vient de passer de l'ombre à la lumière* ». Le Bien est à gauche, le mal à droite. Il suffit de vivre dans le Lot pour sourire à cette affirmation. Je sais, les voisins du Tarn-et-Garonne me prétendent que nous ne

devons pas nous plaindre ! (le FN y apparaît en mesure d'obtenir rapidement des élus ; entre PRG et FN, s'abstenir se comprend et la conviction que seul un séisme politique pourrait permettre de sortir du "système Baylet" semble progresser)

Un intellectuel est un observateur : libre. Vigie semble un terme correct. Et la gauche française ne porte plus les valeurs d'égalité, de dignité, d'intégrité pour lesquelles un écrivain pourrait la soutenir.

Être de gauche, c'est se partager les subventions et les postes ?

En 2002, fataliste j'ai voté Lionel Jospin puis tristement Jacques Chirac.

En 2007, j'ai voté François Bayrou. En 2012, le béarnais ne représentait plus une possibilité crédible : il a raté son quinquennat d'opposition, n'a pas su éviter le naufrage du Modem, devenu un UDF "moderne" où se sont installés des notables. Je ne pouvais pas choisir entre les deux anciens enfants de Neuilly. En 2017, je rêve d'un mouvement écologique... mais c'est une illusion, je le sais bien... Si j'en ai le temps, je la développerai !...

À trop écouter les plaintes des riches, François Hollande ne voit même pas sa politique ?

Les plus pauvres devraient se taire : ils ont gagné ! Nicolas Sarkozy fut battu, quel bonheur pour le peuple de gauche ! Maintenant, applaudissez.

Certes, Jean-Luc Mélanchon rappelle régulièrement son rôle dans la victoire de François Hollande. Mais cela ne semble pas entraîner de devoir pour l'ancien compagnon de Ségolène, qui peut penser que l'électorat a choisi au second tour sans se soucier de l'appel des battus du premier.

Maintenant choisissez ! Je suis l'alternance ! Vive l'alternance ! Et en 2017, comme Sylvia Pinel dans sa circonscription, comme Jacques Chirac en 2002, je serai la démocratie contre la menace FN… (un autre sujet donc, que j'observerai peut-être sous le soleil de plomb d'Afrique)

Gérard Depardieu, de Belgique ou de Russie, souhaite incarner l'opposition à François Hollande. Gérard Depardieu l'opposition des riches, et moi celle des pauvres ! Certes, je n'ai guère d'illusions sur l'audience de ce livre ! Tout journaliste politiquement engagé ou dans un journal aux actionnaires politiquement engagés trouvera une bonne raison de ne pas relayer cette indignation ?

Une opposition de riches, oui, celle d'un écrivain indépendant, non ! Quant à l'opposition républicaine, elle sait bien que mon analyse des oligarchies ne constitue pas un ralliement à ses ambitions. Qui pourrait porter politiquement ce combat démocratique ? Je ne suis certainement pas le seul à ne voir personne donc nous constatons l'inévitable montée des extrêmes. Alors, j'écris pour qui ? Pour la justice, l'Histoire.

Aurélie Filippetti, consciente du système qu'elle soutient ? Fataliste ? Désillusionnée ?

Madame AF se targue d'être écrivain (elle le serait devenue, selon ses propres déclarations, grâce à une maison de chez Lagardère ; on se demande comment Cervantes a pu écrire *Don Quichotte* sans le regard d'un éditeur) donc connaît naturellement les conditions de vie de ses collègues (son père fut conseiller général, ce qui lui octroie également un point commun avec Martin Malvy). Puis-je me permettre de lui demander à quelle période de sa vie a-t-elle vécu des revenus de ses écrits ?

Je doute qu'avec ses deux romans elle ait un jour obtenu des droits qui lui permettaient de vivre, même en travailleur pauvre. Sinon elle aurait sûrement préféré la littérature à la politique !

Madame AF ne me semble pas plus écrivain que monsieur François Bayrou, qui lui au moins ne semble pas développer de grandes théories auréliennes !

- Mais l'écrivain ne doit pas chercher à vivre de ses livres, monsieur Utopie ! « *De fait, c'est le regard des éditeurs, qui fascine et importe le plus.* » Être accepté, félicité par un éditeur, voilà l'essentiel ! Qu'il se démène pour vous obtenir de bonnes critiques, un prix, le bonheur absolu ! Les écrivains font vivre des imprimeurs, éditeurs (voir les grandes fortunes), distributeurs (les bénéfices reviennent le plus souvent dans la poche de l'éditeur mais derrière le dos de l'écrivain), diffuseurs (agents invisibles du grand public, chargés de promouvoir l'œuvre chez les vendeurs), libraires (25 000 points de ventes qui vivent totalement ou partiellement de leurs marges), transporteurs, centres de recyclage du papier invendu…

Ces gens au salaire fixe, avec naturellement le plus souvent intéressement aux bénéfices, ces bénéfices dont une partie est distribuée aux actionnaires, qui peuvent être les créateurs de l'entreprise, leurs héritiers ou ceux de grands groupes, où l'écrivain est considéré comme un travailleur de base à exploiter. Et madame Aurélie avec sa prétention d'œuvre littéraire engagée, naturellement auprès des exploités, ne voit rien ?

« *De fait, c'est le regard des éditeurs, qui fascine et importe le plus* » est même un des aphorismes d'Aurélie la ministre de la Culture.

Pourtant, les éditeurs jouent leur survie durant cette décennie : soit ils obtiennent les droits (papiers et numériques) d'un maximum d'œuvres qui ne tomberont pas dans le domaine public avant sept à dix décennies, soit ils regardent impuissants l'auto-édition grignoter leur capital. Et comme ils représentent un puisant lobby (ils éditent même les livres des femmes et hommes politiques) nous devons prendre en main notre destin.

Nos élus sont-ils entre les mains des éditeurs ? Quand les lois excluent la voie indépendante, on peut se le demander.

Quand *Hachette Livre* et *Google* ont signé un protocole d'accord pour la numérisation, par Google, d'œuvres indisponibles du catalogue *Hachette*, Vianney de la Boulaye, directeur juridique du groupe, fut interrogé par Amélie Blocman pour *Légipresse* (n° 278 - décembre 2010).

Il y déclare : « ***la gestion collective obligatoire est un*** *recours imparable, mais elle ne sera pas mise en place avant 2012-2013... »*

Deux pages d'interview : « *en préambule, les deux parties* [Google et Hachette livre] *prennent acte des divergences ayant existé, pour les dépasser afin de donner un cadre légal à leur coopération. Elles soulignent l'importance de la protection du droit d'auteur. (...)*

Le droit d'auteur est de plus en plus considéré comme un obstacle à la diffusion de contenus culturels... Il fallait donc faire quelque chose. Cet accord fait respecter le droit français et il importe de souligner que l'éditeur reprend le contrôle de ses droits. »

Admirons « *l'éditeur reprend le contrôle de ses droits* » quand il s'agit d'œuvres pour lesquelles les droits appartiennent à l'auteur !

Amélie Blocman pose alors la question cruciale :

- *La numérisation et la commercialisation des ouvrages ne pourront concerner que ceux dont Hachette détient les droits numériques. Êtes-vous à ce jour titulaire de ces droits ?*

Réponse de Vianney de la Boulaye :

- *Le contrôle des droits par Hachette de ses auteurs est primordial. Bien sûr se pose la question de la titularité des droits numériques par Hachette, qui est une condition pour pouvoir rentrer dans le cadre du protocole d'accord. Hachette va devoir revenir vers certains auteurs ponctuellement et réfléchit actuellement à comment "régulariser" au mieux. De même, dans certains contrats antérieurs à la loi de 1957, il n'y a pas de cession de droit. La gestion collective obligatoire est un recours imparable, mais elle ne sera pas mise en place avant 2012-2013... Cependant, la gestion collective volontaire des droits d'auteur peut être envisageable, c'est d'ailleurs une hypothèse étudiée.*

Naturellement, ce vœu de chez Lagardère, ainsi exprimé publiquement, rejoignait le vœu d'autres grands éditeurs. Pour l'occasion, ils sont tous dans le même bateau... Mais le groupe Lagardère, numéro 1 de l'édition en France, pouvait se prévaloir des relations privilégiées d'Arnaud avec le président Nicolas Sarkozy (« *Arnaud est plus qu'un ami ! C'est un frère* », proclamait Nicolas Sarkozy en avril 2005). Le changement de Président est sûrement dédramatisé : journaliste, la compagne de François Hollande officie régulièrement à *Paris-Match*, du groupe Lagardère. Que "la première dame de France" travaille pour l'un des plus grands groupes français, propriétaire du premier groupe national d'édition, ne pose aucun problème ?

La loi 2012-287 du 1er mars 2012, dite des œuvres indisponibles du vingtième siècle, crée justement une gestion collective. Etonnant, non, aurait peut-être osé Pierre Desproges devant le SNE ? Etonnant mais pas unique. Il suffit de décoder les lois qui encadrent la Copie privée et le droit de prêt en bibliothèque, pour s'apercevoir que la manne financière est réservée aux "éditeurs traditionnels." À lire « *Copie privée, droit de prêt en bibliothèque : vous payez, nous ne touchons pas un centime* », un livre numérique également invisible.

Parlementaires tous coupables ? Interrogez les parlementaires et 95% vous répondront sûrement que vraiment vous méconnaissez le fonctionnement de nos institutions ! Chacun se spécialise et au moment du vote, le groupe suit ses spécialistes. AF était une spécialiste de l'édition au parlement. On comprend mieux comment les lois anti-auto-édition sont passées !

105

Il suffit pour un lobby de mettre dans sa poche les parlementaires de son secteur pour tranquillement s'assurer des lois peu contraignantes et même parfois « écrites par et pour » le lobby. Il me semble donc regrettable que le travail parlementaire concernant l'édition puisse être effectué par des élus contractuellement liés avec des éditeurs. L'intérêt général pouvant en souffrir, non ? N'est-ce pas un conflit d'intérêts ? Est-ce qu'après ses années de bons et loyaux services, AF bénéficiera d'un traitement de faveur ? Oui, l'édition est un milieu particulier. On ne peut pas interdire aux politiques d'écrire, c'est aussi une des raisons de la nécessaire extrême vigilance...

Qu'éditeurs et libraires défendent leur pain, le combat se comprend. Mais que les politiques tombent dans le panneau frise le grotesque. Les écrivains encore plus ! Quant aux lectrices et lecteurs, je les pense plus attachés aux écrivains qu'aux éditeurs. Qui plus est, ils seront largement bénéficiaires de la transformation du monde de l'édition si le modèle Amazon-Ecrivains indépendants s'impose : le prix des œuvres est ainsi appelé à être divisé par trois ou quatre.

Aurélie Filippetti a réussi, j'ai échoué... Elle a réussi ?
Ou le ministère de la revanche littéraire ?

Même s'il semble de bon ton de considérer notre ministre comme une excellentissime romancière (la France, ce beau pays où une jeune femme écrivain dirige la culture), j'espère qu'elle n'est pas dupe ! Se serait-elle à ce point engagée en politique si elle avait cru en ses capacités littéraires ? Nous avons presque le même âge, donc forcément son cas m'intéresse encore plus. Malgré quelques errements (comme ce samedi 9 février 2013 où elle se laisse entraîner dans les petites phrases sur twitter, tentant de "racheter " son « *c'est l'éditeur qui fait la littérature* » et finalement dans une parenthèse note à 18 heures 15 « *(l'auto-édition est riche de promesses)* » au point que je répondais rapidement en jurant ne pas avoir piraté son compte ! (ce qui ne fut pas repris par le monde impitoyable de twitter capable de retwitter des milliers de fois les banalités des Justin et compagnie)

Pour comprendre une politique, parfois il convient de comprendre la personne, son parcours. Je ne suis pas certain qu'Aurélie Filippetti se maintienne longtemps rue de Valois, elle pourrait s'effondrer, victime de ses contradictions, son grand écart, sa tentative de concilier des inconciliables. [idée de publier une analyse de notre ministre, cette partie légèrement développée, sous un titre du genre, « *Aurélie Filippetti, un jour, elle partira ?... Peut-on longtemps favoriser les exploiteurs quand on a comme elle...* »]
Ségoléniste en 2007, elle fut l'une des premières à rejoindre François Hollande, quand le PS misait sur DSK, peut-être pas forcément pour des raisons de convictions.

Elle fut ainsi entendue par des policiers, à la demande du parquet de Paris, au sujet des déclarations de Tristane Banon après sa plainte pour tentative de viol contre DSK... Car en 2008, la député avait confié une drague *"très lourde, très appuyée"* du grand homme de gauche et sa parade : *"je me suis arrangée pour ne pas me retrouver seule avec lui dans un endroit fermé"* ; serait-elle devenue sa ministre de la culture ? Aurélie culture, deux syllabes intéressaient peut-être l'éminent Dominique (qui aurait fait un excellent Premier Ministre selon la Ségolène 2007...)

Ainsi, à 38 ans, la députée socialiste de Moselle, fut chargée, au sein de l'équipe du plus fin politique de son parti, des dossiers de la culture et des médias.

Quand elle reçut *Le Monde*, pour un article publié le 22 décembre 2011, ce fut dans son bureau de l'Assemblée où elle avait accroché la reproduction d'une œuvre d'Ernest Pignon Ernest, celle où un « *Je t'aime* » barre sur un mur un « *Défense d'afficher* » à côté de la silhouette d'Arthur Rimbaud jeune. Et elle précisa « *Elle était dans ma chambre quand j'étais étudiante. J'aime Rimbaud. Et j'aime Ernest Pignon-Ernest. J'aime l'idée qu'on peut faire de l'art sans moyens.* »

Je l'ai également eue, mais en carte postale, cette reproduction. Peut-être même m'a-t-elle suivie dans le Lot, et patienterait dans un carton.

Vous souvenez-vous, madame la ministre, de ce "romantique" « *j'aime l'idée qu'on peut faire de l'art sans moyens* » ? Certes, vous n'aviez pas précisé que l'on puisse en vivre ! Que l'on devienne des Arthur Rimbaud ? Des trafiquants d'armes en Afrique ?

À la question : « *Alors vous êtes la prochaine ministre de la culture si la gauche gagne la présidentielle ?* »

Réponse charmante, on sent déjà une certaine connivence entre la future ministre et les journalistes qui la suivront : « *(Elle rit...) Allez, je n'ai pas envie de parler de ça.* »

Mais aussitôt à : « *Pourquoi vous, à ce poste ?* » elle enchaîne comme d'une chose acquise : « *Je viens d'une famille communiste, où l'objectif d'émancipation par la culture était très fort, où il n'y avait pas de projet politique sans projet culturel. La culture, c'est lutter contre les inégalités, c'est sortir d'une vision apocalyptique de l'avenir. La culture donne un sens à la vie. Moi, ce qui m'a sauvée, c'est la littérature. Une prof de français formidable qui nous faisait découvrir plein de choses. À nous qui étions des enfants d'immigrés italiens, polonais, maghrébins, elle faisait lire Georges Perec. Quand je suis partie au lycée à Metz, elle m'a offert une « Pléiade » de Marguerite Yourcenar. C'était comme si elle me transmettait le flambeau. J'y ai vu ce message : faire des études, cela ne veut pas seulement dire avoir un travail et de l'argent, c'est une émancipation intellectuelle qui donne un autre rapport au monde.* »

Historiquement, quand le communisme s'occupa de la culture, les artistes ont eu le choix entre la ligne du parti et la dissidence, en l'occurrence le samizdat (auto-édition). Annonçait-elle en filigrane que les artistes français allaient avoir le choix entre suivre sa ligne ou partir ? Le "départ à l'est" de Gérard Depardieu prend, sous cette optique historique est-ouest, une dimension pour l'instant insoupçonnée par nos vaillantes plumes...

Donc « *La culture, c'est lutter contre les inégalités* » sauf pour les créateurs ? Quant à cette « *émancipation intellectuelle qui donne un autre rapport au monde* », elle se perd dès qu'on accède au pouvoir ?

Nous avons pourtant un point commun. Je pourrais également déclarer « *moi, ce qui m'a sauvé, c'est la littérature.* » Même si, comme je l'ai écrit dans une parodie d'une bluette de Vincent Delerm « *y'en a pas fait d'bouquin mon père, de ses dernières gorgées de bières...* » À 20 ans, un bac + 2, c'était déjà énorme pour un fils d'agriculteurs, c'était même la première fois qu'un tel diplôme arrivait dans le village, donc je suis entré dans une forme d'usine, une forme de mine, un bureau, chez l'assureur des agriculteurs.

Retour aux questions. Et attention, si elle fait de vieux os rue de Valois, le pire est peut-être à venir ! Car elle répondait à « *De tout ça, en tant qu'écrivaine, vous avez trouvé matière à récit. Vous pensez que le temps de l'enfance est celui de la culture. Que celle-ci nécessite une politique volontariste ou éducative...* » un dangereux « *Je ne crois pas à la vision de Malraux selon laquelle il suffirait de mettre les gens en présence de l'art pour leur en donner le goût. Il faut travailler sur la durée. D'où l'importance de l'éducation artistique. D'où l'idée de créer un jumelage entre un artiste et une classe tout au long d'une année scolaire. Il faut montrer l'art, mais aussi expliquer la démarche de création.* »
Un jumelage entre un artiste et une classe ! Idée communiste de l'artiste utile ! François Bayrou proposa également quelque chose dans ce genre, d'aussi aberrant, peut-être chez lui en logique religieuse ! Nous organisons un système pour que vous ne puissiez pas vivre de vos œuvres donc rendez-vous utiles en suivant une classe. Un artiste n'est pas un prof, il n'en a pas les mêmes qualités ni les mêmes défauts. Que signifie dans une tête ayant effectué la symbiose du communisme et de nos grandes

écoles « *expliquer la démarche de création* » ? Expliquer la nécessaire soumission aux Lagardère et Gallimard ? Qu'un écrivain doit rester un enfant qui attend l'approbation et les félicitations d'une grande personne ?

Question politique : « *Certains artistes et professionnels, à gauche, s'inquiètent de ce qu'ils imaginent de votre programme et se disent plus écoutés chez Sarkozy...* »

Réponse à relire : « *Sarkozy drague à fond le monde de la culture. Entre l'homme qui affirmait il y a cinq ans que La Princesse de Clèves n'intéresserait pas une guichetière, et celui qui, aujourd'hui, veut donner l'image d'un président cultivé, il y a un fossé... Mais face aux révolutions technologiques, la gauche a toujours su répondre en défendant les droits des auteurs – loi Lang sur le prix unique du livre, loi sur la copie privée... Sarkozy veut faire croire que la culture est une citadelle assiégée par des hordes de jeunes délinquants, des "pirates", version culturelle du "caillera". Opposer à ce point les artistes et la jeunesse, c'est une aberration.* »

Comment, après avoir prétendu « *face aux révolutions technologiques, la gauche a toujours su répondre en défendant les droits des auteurs* », mener une politique pour les éditeurs ? Car il faut des éditeurs millionnaires pour qu'un peu de miettes tombent sous la table ?

Quant aux deux exemples, loi Lang sur le prix unique du livre et loi sur la copie privée, il faudrait arrêter de ne pas oser les critiquer ! La loi Lang n'a permis qu'aux industriels de l'édition de contrôler un marché duquel les indépendants furent exclus et même des « grandes maisons » n'eurent d'autre choix que de se vendre aux mastodontes. Quant à la loi sur la copie privée, elle est l'une des plus honteuses de la République, excluant les indépendants de toute part du gâteau.

Encore une question (on sent qu'elle fut suggérée, non ?) dont la réponse mérite une analyse au-delà du journalisme de base au *Monde* : « *Vous parlez de dérives, alors prenons le cas du mécénat : jusqu'à quel point la culture peut-elle être financée par le privé ?* » Pour l'élue de Lorraine : « *Il faut que le ministère de la culture retrouve une certaine cohérence sur le mécénat. Je prends l'exemple du Centre Pompidou de Metz, qui est par ailleurs une réussite – les objectifs de fréquentation ont été dépassés et il draine des visiteurs qui n'étaient jamais allés au musée. Mais quand je vois le nom de Wendel apposé sur l'amphithéâtre sous prétexte que ce groupe – issu de la dynastie qui a régné pendant des siècles sur l'acier en Lorraine – a joué les mécènes, ça me fait mal... La somme est dérisoire au regard de l'honneur qui lui est fait. Les musées se bradent à des entrepreneurs et c'est dommageable. C'est pourquoi nous sommes favorables à la création d'une charte nationale du mécénat, une sorte de dispositif d'agrément de tout marché qui dépasserait le million d'euros. La Cour des comptes dit exactement la même chose dans un récent rapport...* »

Les écrivains doivent se brader à un éditeur, madame la ministre ? Les 10% de droits d'auteur sont une somme « *dérisoire au regard de l'honneur qui lui est fait* » d'apposer leur nom sur la couverture d'une oeuvre !

Wendel, c'est l'exploiteur tel qu'elle le décrit dans son roman familial, c'est celui qui a prospéré sur l'acier lorrain, comme Gallimard a prospéré sur les écrivains. Qu'elle se sente, dans ses réactions, plus proche des ouvriers sidérurgistes que des écrivains pose quand même un problème pour une ministre de la Culture, qui prétend tirer sa légitimité également de son talent d'écrivain...

Il s'agissait de propos recueillis par Clarisse Fabre et Laurent Carpentier.

Aurélie Filippetti, Antoine Gallimard et les subventions contre l'auto-édition, publié le 28 août 2012, reste invisible. J'essaye pourtant, à chacune des grandes sorties de notre ministre, de le relancer. Comme lors de son accusation, le 9 janvier 2013, de la « *concurrence déloyale* » d'Amazon pour expliquer le dépôt de bilan de VirginMegaStore (de nombreux anciens disquaires ont pourtant considéré leur disparition comme une conséquence du développement des grands groupes avec lesquels nos majors préféraient travailler et ont souvent accusé les politiques de les avoir laissés crever). L'expression « *concurrence déloyale* », je l'attends d'Aurélie Filippetti pour qualifier la position des "éditeurs traditionnels" par rapport aux indépendants.

Après sa nomination, j'ai lu "*les derniers jours de la classe ouvrière*", ce roman publié en 2003 dans une maison du groupe Lagardère. Un roman qui se voulait engagé, contre l'historique exploitation des mineurs de Lorraine. Certes, elle aurait pu adapter aux écrivains son "*Voilà ce qui fait peur, parce que nous sommes le nombre, nous sommes la force, et eux ils sont la minorité qui nous exploite.*" Mais rue de Valois, elle s'installa dans les pas de son prédécesseur et, comme ces nouveaux convaincus, semble vouloir donner des gages de son formatage, de son total dévouement à l'oligarchie.
Frédéric Mitterrand, le 17 mai 2012, lors de la "passation des pouvoirs" peut également nous aider à comprendre notre ministre. Certes, il s'agissait d'un exercice médiatique (qui se voudrait historique) mais de précieuses indications ont filtré.

Frédéric Mitterrand : « *Je voulais dire que c'est un jour de chance, c'est un jour de chance pour ce ministère et c'est un jour de chance pour madame la ministre de la Culture et de la communication. C'est un jour de chance pour ce ministère car il va y avoir dans ce ministère, à partir de maintenant, une ministre dont l'empathie pour le monde de la culture est connue depuis longtemps et notamment parce que la ministre est une artiste en elle-même, c'est-à-dire un écrivain, un écrivain de très grand talent et de très grande qualité et j'ai eu, pour ma part, le privilège de connaître Aurélie Filippetti il y a de cela une douzaine d'années à l'occasion de la publication de son premier livre que j'avais profondément admiré et, depuis ce temps là, nous avons continué à nous voir assez régulièrement. Ce fut d'ailleurs une parlementaire particulièrement émérite avec qui j'ai toujours eu des relations extrêmement agréables et extrêmement courtoises et je pense que tant son parcours remarquable d'écrivain que son parcours non moins remarquable de parlementaire fait que le Ministère de la Culture et de la communication peut être fier d'avoir une personnalité comme elle à sa tête.* »

Arguer du parcours remarquable d'écrivain peut prêter à sourire : le premier roman de la "fille et petite-fille de mineurs", *Les Derniers Jours de la classe ouvrière*, publié lors de la rentrée littéraire 2003 par Stock, fut salué par la critique, enfin je n'ai retrouvé que de la critique dite de gauche, comme Edmonde Charles-Roux, « *Procédant par touches vives et fortes, Aurélie Filippetti nous livre l'histoire de près d'un siècle de lutte ouvrière dont elle tire ce premier roman, parfaitement contrôlé, d'une grande sobriété et qui sauve de l'oubli un monde en pleine crise.* » Une forme de service minimum à une sympathique jeune militante socialiste mais les ventes ne furent sûrement pas himalayennes pour ce texte aux nombreuses lacunes (style, description des personnages, approximations...) ! Son deuxième roman, lancé en 2006, *Un homme dans la poche,* toujours chez Stock, ne bénéficia pas du même sujet porteur pour permettre aux chers chroniqueurs de surfer sur les bons sentiments et semble avoir été un bide ! (un peu comme ceux de l'écrivain indépendant !) Le troisième, sept ans plus tard, n'existe toujours pas. Elle semble avoir préféré la politique. Mais nul doute qu'il sortira un jour (chez Gallimard ou Lagardère ?) et bénéficiera de nombreux soutiens...

L'empathie d'Aurélie Filippetti pour le monde de la culture ne semble pas évidente ! Mais lors de la polémique sur la vie privée de Frédéric Mitterrand, en ne suivant pas les réactions majoritaires dans son parti, on peut considérer qu'elle fit preuve d'empathie à son égard !

Que conclure du « *j'ai eu, pour ma part, le privilège de connaître Aurélie Filippetti il y a de cela une douzaine d'années à l'occasion de la publication de son premier livre* » prononcé en mai 2012 au sujet d'un roman sorti en septembre 2003 ? Simple confusion dans le temps qui passe ? Ou qu'il fallut trois années pour "la publication", d'innombrables allers-retours entre l'auteur et l'éditeur, avec présentation du manuscrit aux amis, aux amis des amis ?

Le 28 juin 2012, à l'occasion de l'Assemblée générale du SNE, le Syndicat national de l'édition, Aurélie Filippetti prononça naturellement un discours. Il aurait pu n'être qu'exercice de circonstance, il fut un pavé dans la marre des écrivains en lutte pour une reconnaissance de leur statut d'indépendants. Extraits :

« La politique que j'entends mener en matière de livre et de lecture poursuit deux objectifs :

- d'une part, la défense, la promotion et le renouvellement de la création et de la diversité éditoriale, que certains d'entre vous nomment « bibliodiversité », dans le cadre de ce que j'ai appelé « l'acte II » de l'exception culturelle.

- d'autre part, l'accès à la création pour le plus grand nombre;

Les éditeurs sont des acteurs indispensables de cette politique. Je tiens à l'affirmer avec vigueur. »

Naturellement, des objectifs très consensuels mais "tous ensemble sauvons les éditeurs !"

Dans la droite ligne du « *il s'agit tout à la fois de proposer une offre attractive aux lecteurs, de préserver des marges et d'assurer des conditions financières et juridiques en mesure de dissuader les auteurs de se passer de la médiation traditionnelle de leur éditeur* » de la Note d'analyse (270) gouvernementale « *Les acteurs de la chaîne du livre à l'ère du numérique - Les auteurs et les éditeurs* » pourtant rédigée avant les présidentielles, en mars 2012. « *Conditions financières et juridiques* », de l'argent et des lois, pour les éditeurs.

Les éditeurs peuvent se réjouir de la continuité du ministère. Champagne ! Prétendre agir au nom de « *la diversité éditoriale* » en soutenant les éditeurs relève du sophisme : les éditeurs se sont attribués cette qualité et elle semble désormais leur être acquise dans les raisonnements politiques alors que l'édition française se caractérise par une course à la taille des principales maisons, par une industrialisation de la production, un nivellement par le triomphe du commercial sur l'éditorial. Il faut publier ce qui se vend, ou des médiatiques qui par leur pouvoir font vendre des bouquins...

Elle enchaînait :
« *Aujourd'hui, avec le développement de la diffusion numérique des œuvres, de fortes tensions agitent le secteur culturel ; certains commentateurs font miroiter un avenir qui se ferait sans vous. L'avenir serait à la disparition des intermédiaires de la création ; notre temps serait celui de la désintermédiation.* »

J'ignore si madame la ministre lit mes analyses mais certaines pourraient me valoir d'être classé dans ces « *commentateurs qui font miroiter un avenir qui se ferait sans les éditeurs classiques.* » Même si, loin de brasser du vent, j'apporte un exemple concret, en obtenant avec le numérique une audience jamais atteinte par mes livres en papier ; il ne s'agissait donc pas d'un problème de qualité car nombre des œuvres peu vendues en papier bénéficient d'excellentes critiques après lecture mais d'un problème d'accès aux lieux de vente... Ah si elle s'intéressait aux problèmes d'accès aux lieux de vente rencontrés par les éditeurs indépendants.

Je précise (également pour madame la ministre) : la disparition totale des intermédiaires n'est pas le but ultime mais leur réduction au strict minimum semble indispensable : les prix des livres numériques se stabiliseront à un niveau bien inférieur à ceux du livre papier, le gâteau à se partager rétrécissant, il convient de supprimer les prestataires superflus. Auteur-éditeur, je suis distribué, par Immateriel, sur Amazon, Itunes, La Fnac et les autres, pour un coût total de 35 à 40%. Une marge sur les ventes, sans frais fixe d'accès à la distribution. Cette organisation semble correcte, honnête même.

Quand de « *fortes tensions agitent le secteur culturel* », on attendrait de la ministre de la Culture, qu'elle s'intéresse d'abord aux éléments essentiels, les écrivains, qui plus est, les plus fragiles. Au moins qu'elle respecte une certaine neutralité "bienveillante."

Mais non, l'état soutiendra les puissants, les installés, les éditeurs. Certes, elle s'exprime devant un cénacle d'éditeurs. S'il s'agissait d'une candidate, on pourrait "comprendre" qu'elle brasse du vent, adapte ses propos aux interlocuteurs. Mais il s'agit du discours de madame la ministre, qui engage la France, qui éclaire la politique culturelle qu'elle souhaite mener durant les cinq prochaines années.

Suite : « *Leurs réflexions sont nourries par l'activisme des grandes entreprises technologiques, qui ont pris des positions très fortes sur la diffusion des contenus culturels en venant d'univers qui ne sont pas celui de la culture.* »

Phrase inexacte, madame la ministre ! Vous visez Amazon, pour suivre l'anathème des éditeurs mais la société de Seattle a débuté par la vente de livres en papier. Et contrairement aux vieux libraires des vieux murs, elle n'est pas restée prisonnière d'un support. **Peu importe le support pourvu qu'on ait l'œuvre**.

Qui plus est, madame la ministre, nos réflexions ne sont pas nourries par Amazon, Google, Apple ou Kobo. Vous auriez dû lire *"le livre numérique, fils de l'auto-édition"* !

Nos réflexions sont nourries des combats des écrivains contre les éditeurs qui les exploitent depuis deux siècles.

Nos réflexions sont nourries par la volonté d'un Balzac, se ruinant en essayant d'être indépendant, par les colères de Marcel Proust envers Gallimard finalement devenu son éditeur mais laissant sortir des exemplaires truffés de fautes.

Nos réflexions sont nourries par Céline. Certes, vous pouvez le considérer excessif dans « *tous les éditeurs sont des charognes* » mais Gaston Gallimard ne pratiquait pas non plus dans l'amour fou avec « *un auteur, un écrivain, le plus souvent n'est pas un homme. C'est une femelle qu'il faut payer, tout en sachant qu'elle est toujours prête à s'offrir ailleurs. C'est une pute.* »

Suite : « *Elles cherchent à établir ce contact direct avec les auteurs. Leur modèle est séduisant : il réclame la "démocratie des écrivains", là où régnait la "République des lettres".*

Pourtant, je crois qu'une industrie culturelle aussi complexe que la vôtre ne pourra pas reposer sur ce nouveau modèle. Je ne partage pas ce point de vue et je crois qu'il est utopique. »

Quelle grande femme de gauche fermant ainsi la porte aux écrivains d'un cinglant "utopique." Cette gauche a perdu toute possibilité d'utopie ? Les écrivains qui l'ont soutenue se seraient donc trompés ?

« *Pourtant, je crois qu'une industrie culturelle aussi complexe que la vôtre* [l'édition] *ne pourra pas reposer sur ce nouveau modèle* [l'auto-édition]. *Je ne partage pas ce point de vue* [le contact direct du site de vente avec les auteurs] *et je crois qu'il est utopique.* »

Cette déclaration me semble suffisante pour justifier la demande de démission de madame Aurélie F.

On ne lui demande même pas de partager notre point de vue sur l'auto-édition mais seulement de ne pas subventionner les installés au point qu'ils parviennent à nous rendre invisibles des lectrices et lecteurs.

119

Une autre lecture, optimisme, rappelant ce discours « *Pourtant, je crois qu'une industrie culturelle aussi complexe que la vôtre* [l'édition] *ne pourra pas reposer sur ce nouveau modèle* [l'auto-édition]. *Je ne partage pas ce point de vue* [le contact direct du site de vente avec les auteurs] *et je crois qu'il est utopique* », constate une formidable évolution quelques heures avant le bouclage de ce texte (oui, vous m'obligez à quelques retouches, Aurélie) avec ce tweet « *l'auto-édition est riche de promesses* » *(mais était-ce elle ou une collaboratrice au clavier ?)*

L'auteure du roman *"les derniers jours de la classe ouvrière"* ne peut adapter à la classe littéraire son « *Combien de temps encore allons-nous tolérer cette oppression, qui sert les possédants aux dépens de la classe ouvrière ?* » (page 116, édition Stock)
Les puissants tremblaient comme tremblent nos chers éditeurs : « *Voilà ce qui fait peur, parce que nous sommes le nombre, nous sommes la force, et eux ils sont la minorité qui nous exploite.* »
Quant à la complexité de *"l'industrie culturelle"*, elle provient plus du processus industriel que de la Culture. Notre ambition doit être de simplifier au maximum, de sortir des impasses où l'écrivain devait se soumettre au système ou rester invisible, marginal. Pourquoi un bon livre d'un auteur indépendant ne peut pas être présenté par les médias influents ? **La grande idée de liberté que prétendent encore porter des femmes et des hommes de gauche, doit-elle s'arrêter où débutent les intérêts des éditeurs qui ont su s'allier chroniqueuses et chroniqueurs ?**

Suite : « *Tous les textes ne sont pas des livres et c'est précisément à l'éditeur que revient de faire le partage ; c'est lui, qui, devant la multitude des textes, doit porter la responsabilité de savoir dire non, quitte à, parfois, commettre une erreur.*

Il n'y a pas de livre sans éditeur ; l'éditeur distingue la création, puis il l'accompagne, il la promeut, il la publie ; il favorise sa circulation. »

L'éditeur sépare la bonne grammaire de l'ivraie ! Le Dieu de la Littérature ?

Comme la salle devait jubiler : la grande opération de lobbying donne de bons fruits ! Exemple dans le texte « *Le livre numérique : idées reçues et propositions* », diffusé au salon du livre de Paris, lors des Assises professionnelles du livre, organisées par le SNE, le 17 mars 2009.

À l'affirmation à combattre « *On pourra se passer d'éditeur à l'ère du numérique* », le SNE fournissait un véritable kit de réponses (cette approche présente des similitudes avec celle des documents de groupes religieux dans leur prosélytisme) : « *Stephen King a tenté l'expérience de vendre directement ses livres en ligne. Devant l'échec complet de sa tentative, il est revenu vers son éditeur...* » Vous voyez bien que c'est impossible, Stephen King a échoué ! Mais, il convient de ne pas préciser "avant le Kindle et l'Ipad."

D'ailleurs : « *Cette idée reçue provient d'une méconnaissance du métier et de la valeur ajoutée de l'éditeur.* » Et la grande vérité selon le SNE : « *Plutôt discret et en retrait derrière ses auteurs, l'éditeur a pourtant un rôle crucial : il sélectionne et « labellise » les œuvres en les intégrant dans un catalogue, un fonds, une marque reconnus par les lecteurs ; il apporte une contribution intellectuelle (« création éditoriale ») importante ; enfin il s'engage à exploiter commercialement les œuvres de manière continue (vente de livres, de droits dérivés, etc.). »*

Quelle belle contribution intellectuelle avec Loana, Lorie, Patrick Sébastien, VGE, les présentateurs des émissions télévisées... Quant à oser proclamer « *exploiter commercialement les œuvres de manière continue* », est-ce décent quand les éditeurs se contentent d'exploiter le lancement d'un livre et préfèrent ensuite l'abandonner, au point qu'il y aurait plus de 500 000 œuvres publiées au vingtième siècle mais indisponibles car justement les éditeurs ont "oublié" de les exploiter de « *manière continue* » (ainsi l'état a accepté que soit votée la loi 2012-287 pour essayer de donner aux éditeurs les droits numériques sur ces œuvres abandonnées ; voir le livre : *Écrivains, réveillez-vous ! - La loi 2012-287 du 1er mars 2012 et autres somnifères*).

Certes, certains pourraient prétendre qu'il s'est agi d'un discours équilibré, avec « *je crains que vous n'entriez dans l'ère du soupçon pour n'avoir pas été assez audacieux sur le niveau des rémunérations servies aux auteurs en matière de droit numérique. Les taux sont trop faibles, à l'évidence, et avivent le désir des auteurs de négocier séparément l'exploitation papier et numérique ; vous savez, comme moi, qui se tient en embuscade.* »

Mais madame la ministre se situe toujours dans le cadre de la note d'analyse 270 *Les acteurs de la chaîne du livre à l'ère du numérique - Les auteurs et les éditeurs* : « *Simultanément diffuseur, distributeur, éditeur et propriétaire d'une solution technologique qui domine très largement le marché des liseuses, Amazon bénéficie d'une force de frappe commerciale redoutable, grâce à laquelle sa branche édition pourrait bien offrir aux auteurs des conditions de rémunération nettement plus attrayantes que les éditeurs traditionnels.* »

L'état devrait se réjouir quand des écrivains aux difficultés financières connues peuvent espérer une « *rémunération nettement plus attrayante* »... mais Amazon est l'ennemi ! Une volonté étatique de maintenir les écrivains dans la dépendance des éditeurs ? Donc dans la précarité ? Une volonté politique de maintenir les écrivains indépendants dans la pauvreté, la marginalité ? Un choix de société ?

Et madame la ministre relaye la note : faites un petit effort de rémunération et les écrivains souriront. Faire un petit effort de rémunération pour les "auteurs importants" (fortes ventes) sera facile aux éditeurs : leur marge de manœuvre est énorme, en partant d'un "équitable" où ils gagnent directement quatre fois plus que les Hommes de lettres, et indirectement parfois six ou sept fois plus (en englobant la distribution).

Son collègue socialiste, David Assouline, au Sénat, le 29 mars 2011, se scandalisait pourtant : « *Avec le livre numérique, l'éditeur touchera sept fois plus que l'auteur !* » Il ne fut certes pas choisi par François Hollande pour la rue de Valois...

Naturellement, madame la ministre s'adressait à un auditoire particulier, celui du SNE, dont Antoine Gallimard quittait la présidence... Alors, le clin d'œil littéraire fut sûrement apprécié, le reste n'étant que banalités pour les chroniqueurs ! « *Je crains que vous n'entriez dans l'ère du soupçon...* » Figure de style ? *L'ère du soupçon* étant le titre de l'ouvrage de référence de Nathalie Sarraute, publié par la maison Gallimard...

De ce discours au SNE, il convient d'analyser la fin. Il s'agit du texte officiel.

(http://www.culturecommunication.gouv.fr/Espace-Presse/Discours/Discours-d-Aurelie-Filippetti-ministre-de-la-Culture-et-de-la-Communication-prononce-a-l-occasion-de-l-Assemblee-generale-du-Syndicat-national-de-l-edition)

J'ignore si cette conclusion fut intégralement prononcée. Pierre Assouline, dans son blog sous *Le Monde*, notant "« *Et vous savez, comme moi, qui se tient en embuscade.... » dit-elle, le ton et le regard chargés de sous-entendus faisant résonner les points de suspension tel un vol d'Amazon sur l'azur étoilé, licence poétique qu'a dû apprécier le ministre Arnaud Montebourg, qui a depuis peu le bonheur d'accueillir les entrepôts de la librairie number one in the world dans sa Bourgogne (est-ce pour cela que le nom d'Amazon ne fut pas cité alors qu'il figure dans le texte du discours ?).*" Le passage de l'Amazon biffé étant donc « *Je redis à cet égard mon attachement à la loi sur le prix du livre numérique, en dépit des agissements contraires d'Amazon.* »
Je peux assurer qu'Amazon vend mes ebooks au prix éditeur, tel que défini chez mon edistributeur, où j'ai la possibilité de le modifier rapidement (sous 48 heures).
Bref, madame la ministre, avant les petits fours au SNE :
« *Pour Rousseau, comme pour les écrivains et penseurs de son époque, l'édition des textes et les conditions de leur publication a constitué un enjeu de première importance. Ce siècle de révolution des idées fut aussi, logiquement, un siècle de grands changements dans l'édition et le commerce du livre.*
Pour contourner la censure du roi de France, des imprimeurs-libraires s'étaient implantés sur les confins du royaume, là où la police ne pouvait les atteindre. En

Suisse, aux Pays-Bas, au Luxembourg - déjà ! - les idées
nouvelles pouvaient prospérer.

Ces presses périphériques, comme on les appelait,
représentaient la liberté et l'impossibilité d'arrêter les
idées en marche. »

Le déjà fut-il prononcé ? « *En Suisse, aux Pays-Bas, au*
Luxembourg - déjà ! - les idées nouvelles pouvaient
prospérer. »

C'est au Luxembourg qu'Amazon implanta son siège
européen, bénéficiant ainsi, désormais, d'une TVA à 3%
sur les ventes d'ebooks. *Déjà*, presque un lapsus
révélateur. "Lapsus", oui, cette idée nouvelle que les
auteurs peuvent vivre de leur plume sans générer un
chiffre d'affaires énorme, car sans laisser 90% des revenus
de leurs œuvres aux intermédiaires. Où l'on retrouve un
peu de l'Aurélie auteure des "*derniers jours de la classe*
ouvrière" ? Un peu réfractaire au « *il fallait suivre la ligne*
du Parti. Qui n'est pas avec nous est contre nous » (page
120) ? Madame la ministre désormais dans le camp des
puissants se souvient de ses origines, ses combats, dans ce
"déjà" ? « *Il faut dire que le curé l'a braqué en lui*
répétant qu'il devait toujours respecter les maîtres,
Monsieur le Directeur et Monsieur le Maire » (page 106).
Elle étouffe **déjà** de devoir respecter les maîtres,
Gallimard, Lagardère and Cie ? Mais ce respect figure
dans la feuille de route du Président pour se maintenir au
poste plus de quelques mois ? (qui plus est, il serait peut-
être mal vu par la compagne de Moi Monsieur François
Hollande, d'oser contrarier les intérêts d'Arnaud
Lagardère, aussi propriétaire de *Paris-Match* pour lequel
œuvre Valérie Trierweiler, je le rappelle)

Entre la politique et la littérature, sa vie a balancé. Il en reste sûrement quelques "déraillements." Comme ce "déjà." Comme le tweet du 9 février 2013, dont les vagues devraient rester loin de celles du soutien à l'adversaire de Ségolène par la *first lady*. Mais ne nous inquiétons pas pour elle, elle saura devenir un bon personnage politique si tel est son réel désir. Puis-je lui souhaiter, les yeux dans les yeux (ça reste du virtuel !) d'essayer, encore, la littérature ?

La suite et fin du discours contrebalancent ce "déjà" mais les deux syllabes existent : « *Mais en même temps, situées hors des frontières du royaume, elles diffusaient les textes sans contrôle de leurs auteurs.*
Combien d'écrivains de ce temps ont pesté contre ces éditeurs hors d'atteinte, qui ne respectaient ni leur texte, ni leur volonté. Il n'est pas étonnant que les principes du droit d'auteur soient nés à ce moment là.
Nous voyons aujourd'hui fleurir des presses périphériques d'un nouveau genre. Leur puissance de diffusion est celle des technologies de notre temps et, comme celles du 18e siècle, elles jouent la musique séduisante de la liberté.
Cette liberté là, celle de l'accès illimité aux contenus culturels, a un double visage, nous le savons. Sachons l'accueillir sans crainte, mais sans naïveté. En toute connaissance de cause et pour le bien du public, sachons faire bon usage de ces nouveaux territoires. Je vous remercie. »
Faut-il préciser à madame la ministre, la rassurer, que jamais Amazon ne diffuse un texte sans l'accord de son éditeur ? La firme "luxembourgeoise" se situe bien dans un partenariat avec les éditeurs, en se rémunérant avec une marge de 30%, que nous acceptons de laisser à tout site revendeur de nos œuvres !

Le jeudi 28 juin 2012, à 16 heures 26, Nicolas Gary s'empressa de publier son scoop, sur son site média *ActuaLitté* (http://www.actualitte.com/societe/exclusif-filippetti-c-est-l-editeur-qui-fait-la-litterature-35044.htm). Il avait échangé quelques phrases avec madame la ministre, auteur d'une petite saillie qu'il convient naturellement de replacer dans son contexte « *C'est l'éditeur qui fait la littérature.* »

Aurélie Filippetti, au sujet de l'acte 2 de l'exception culturelle, pour lequel un jeune homme de confiance fut nommé, Pierre Lescure : « *Il y a trois piliers dans cette mission, d'abord, le développement de l'offre légale, ensuite la lutte contre la contrefaçon commerciale, et puis, la recherche de nouvelles sources de financements. Et donc, la taxe Amazon entre dans le cadre de cette mission Lescure. Cela va prendre un petit peu de temps, quelques mois, et les préconisations seront présentées au début de l'année prochaine.* »

Sarkozy ce fut "la taxe Google" ! Quand l'échec de la politique essaye de se rattraper en inventant des taxes... pour aider les déjà soutenus qui ont conduit à un blocage de l'économie, duquel savent profiter quelques sociétés de pays dont les états ne visent pas à maintenir des situations établies au détriment de l'innovation. Quel serait l'effet d'une "taxe Amazon", comme d'un blocage des "publicités Google" dont Free a démontré la facilité de mise en œuvre ? La disparition de revenus pour les indépendants.

Si la lutte contre la contrefaçon commerciale est naturellement souhaitable, elle ne concerne pas forcément le ministère de la Culture mais celui de la Justice, où il serait préférable de permettre un accès rapide et vraiment gratuit à l'ensemble des ayants droit.

Quant au développement de l'offre légale, malheureusement, quand ce ministère s'y intéresse, ce n'est jamais pour soutenir les écrivains mais en suivant les recommandations des installés. Troisième point : la recherche de nouvelles sources de financements. Pour en faire quoi ? Amazon est un véritable partenaire des éditeurs, il demande une commission correcte, 30%, quand certains essayent d'obtenir plus ! Il existe même un projet 100% français qui souhaita obtenir 35% d'un edistributeur...

Amazon, victime d'une taxe, la répercuterait "sûrement" sur les éditeurs. Quel bénéfice pour les éditeurs ? Simplement une distorsion de concurrence supplémentaire : l'argent serait transféré aux installés, comme la taxe pour la "copie privée" ou "la rémunération pour prêts en bibliothèques", grands circuits financiers d'où pas un centime ne revient aux auteurs-éditeurs. Les taxes sont faites pour prendre à tous et redonner à certains, avec toujours une part pour "des initiatives culturelles." De certains.

Alors, pas de littérature sans éditeur ? L'auto-édition c'est de la merde ? Naturellement monsieur Gary ne questionna pas ainsi. Aurélie Filippetti : « *L'éditeur a un rôle éminent dans le processus de création. C'est une question passionnante. Et sans entrer dans un débat philosophique sur le processus de création, quand on écrit, chez soi, on a besoin d'avoir le regard d'un éditeur, pour venir sanctionner, dans le bon sens du terme. C'est-à-dire, donner le jugement d'un professionnel, sur le texte que l'on est en train de rédiger. Et sans cela, même si on se publie soi-mêmes, et que l'on peut toucher un public au travers des réseaux, on n'a pas cette reconnaissance de se sentir écrivain. L'écrivain ne naît qu'au travers du regard de l'éditeur. Et moi je l'ai ressenti en tant qu'auteur : j'aurais pu écrire le même livre que celui que j'ai rédigé, si je n'avais pas eu Jean-Marc Roberts, le résultat n'aurait pas été le même. »* [le résultat aurait peut-être été nettement meilleur sans cet éditeur ! Plutôt qu'un texte dont on sent tellement les ficelles, la technique narrative]

Certes, des propos de cocktails, qu'on pourrait consulter en souriant. Mais il s'agit des paroles de la Ministre en exercice.

Il y a quelque chose de risible dans ce besoin de cette fille de maire communiste d'être reconnue, validée, par de grandes fortunes. Est-ce l'atavisme d'une petite fille de mineur à qui l'ont fait croire que seuls les riches peuvent permettre de se « sentir écrivain » ? J'écouterais volontiers ses confidences sur un divan !

Aurélie Filippetti plus écrivain que Stéphane Ternoise ? Lisez ses romans et les miens !

Jean-Marc Roberts, le si plaisant patron de la maison Stock, filiale du groupe Lagardère via Hachette Livre. Madame la ministre, auteure Lagardère, alors que son prédécesseur, Frédéric Mitterrand, portait une tunique Editis, le deuxième groupe d'édition français, jaquette Robert Laffont. *Les Derniers Jours de la classe ouvrière*, son premier roman, publié le 17 septembre 2003 : sur Amazon, début juin 2012, seuls des "vendeurs tiers" proposaient le format broché, donc "indisponible" en "édition originale direct éditeur" ; Stock édite l'ebook, vendu 5,49 euros. Bizarrement, logiquement plutôt, le 23 juillet, le papier retrouve un statut disponible, à 14,49 euros, "*Plus que 14 ex (réapprovisionnement en cours). Commandez vite !* "

Ce roman semble donc avoir été réimprimé après la nomination au ministère de l'auteure. Les invendus furent précédemment envoyés au pilon ? Quand on sait qu'un cinquième de la production nationale, plus de cent millions d'exemplaires chaque année, sont détruits (lire *Le pilon, ce que nous en savons - Des millions de livres détruits sur ordre des éditeurs* de Thomas de Terneuve), l'hypothèse apparaît plausible.

La ministre ajouta même « *mais surtout, on a besoin de cette médiation, pour se reconnaître, soi-même, comme auteur, et pour savoir que son texte est vraiment un livre.* »

Il n'y aurait rien eu à contester si elle s'était confiée d'un « *mais surtout, j'ai eu besoin de cette médiation, pour me reconnaître comme auteur, et pour penser que mon texte était vraiment un livre. Qu'est-ce que j'en ai bavé ! Des années pour être publiée, des corrections que j'ai dû accepter...* »

Rapprochement inévitable d'avec le raisonnement de Philippe Djian « *vous pouvez apprendre à travailler pour faire partie des 95 % des bouquins qui encombrent les librairies. Mais les 5 % qui restent, les vrais écrivains, ceux-là sont hors de portée et personne ne peut, en effet, s'engager à vous transformer en l'un d'eux.* » (repris dans *Comment devenir écrivain ? Être écrivain !* de Stéphane Ternoise). En pensant s'élever à la hauteur de l'écrivain, la fille du maire communiste d'Audun-le-Tiche de 1983 à 1992, s'est encastrée dans les 95% des bouquins qui encombrent les librairies ! Quel fut le rôle de Jean-Marc Roberts dans le produit fini ? Dans le "processus de création" ?

Tombe alors un passage qui aurait dû susciter bien plus de commentaires et indignations. Aucune demande de rectification ni de droit de réponse ne semble avoir été exigée. Il ne s'agit donc pas d'une hallucination du chroniqueur ni d'une dose excessive de champagne.

Selon la ministre, « *tous les textes ne sont pas des livres. C'est l'éditeur qui fait la littérature.* »

C'est l'éditeur qui fait la littérature ! Enorme ! Le pire étant que des éditeurs et des auteurs semblent le croire !

Néanmoins, cette petite phrase eut de lourdes conséquences psychologiques et son « terrible samedi » de février 2013 débuta à 18 heures 09 par « *"L'éditeur qui fait la littérature": cette phrase ayant mis le feu aux poudres je vais tenter de m'expliquer.* » Elle validait ainsi sa déclaration, pour l'Histoire.

Orientée, le 28 juin 2012, sur le cas Marcel Proust, qui publia "*Du côté de chez Swann*" à compte d'auteur chez Grasset, la ministre n'hésita pas à travestir la réalité (sûrement par manque d'informations, peut-être après que cette version lui eut été soufflée à dessein quelques heures plus tôt...). Car si l'on peut lui accorder le « *Marcel Proust était désespéré que son livre ait été refusé par un éditeur* », la phrase précédente « *c'est un bon exemple de la relation nécessaire entre un éditeur et un auteur* » frise le contestable, et la suivante fera bondir toute personne ayant étudié la genèse de la *Recherche* : « *C'est ensuite, quand il a pu construire cette vraie relation avec l'éditeur, qu'il a pu réaliser la Recherche du temps perdu. Évidemment, il avait besoin d'avoir ce regard de l'éditeur.* »

Quel rôle peut-on accorder à la maison Gallimard dans les corrections de la *Recherche* ?

131

Qu'Antoine Gallimard intervienne alors pour prétendre « *très vite, les gens de ma maison, et mon grand-père le premier, ont reconnu leur erreur* [de ne pas l'avoir édité]. *Mais ensuite, il y a vraiment eu une relation qui aura duré jusqu'à la mort de Proust.* » Le premier mea-culpa ne revient donc pas à André Gide ? (posséder le pouvoir c'est posséder le pouvoir de réécrire le passé face à des interlocuteurs paralysés) La relation très forte fut surtout une litanie de plaintes de l'auteur sur le travail bâclé de l'éditeur, « *l'édition la plus sabotée qui se puisse voir.* »
Marcel Proust avait besoin d'un éditeur pour faire connaître son œuvre et non pour l'écrire. La maison Gallimard lui sembla la plus appropriée donc il a souhaité sa couverture. Les éditeurs étaient alors effectivement des commerciaux indispensables. Le sont-ils encore ? C'est la question essentielle, elle devrait figurer au moins sur un Post-It au Ministère de la Culture. Pour éviter de continuer à maintenir l'édition dans une impasse.

Au sujet de l'auto-édition, l'avis d'Antoine Gallimard lors d'une intervention de voisin de cocktail : « *c'est un peu un mirage !* » rejoint celui de la ministre : « *D'abord, il manque ce regard, qui doit venir de quelqu'un d'autre. Si vous êtes en auto-édition, dans un contexte de relation uniquement avec des lecteurs, c'est autre chose. Deuxièmement, comment faire pour diffuser cette œuvre ? (...) Mais vous avez bien besoin d'un espace de médiation. Et je reste convaincue que l'on a besoin de cette relation avec l'éditeur. L'auto-édition peut convenir, au début, quand on est en recherche d'un éditeur, pour se faire remarquer, pour commencer. Mais très vite, la logique et le souhait des auteurs, c'est d'arriver à une relation intéressante et constructive, avec un éditeur. C'est ce que veulent la plupart des auteurs.* »

Oui, un regard extérieur (qui doit venir de quelqu'un d'autre !) restera le plus souvent indispensable. Aux États-Unis, l'auteur, même en auto-édition, s'associe parfois à un agent. L'auto-édition ne signifie pas forcément la solitude totale ! Une correctrice, un correcteur, des amis, des lectrices et lecteurs de référence... Oui, madame la ministre c'est "autre chose" qu'une relation avec un éditeur. Puis-je vous prier de respecter cet "autre chose" ?

Avec quelle étude, l'élue de Moselle peut-elle étayer son « *L'auto-édition peut convenir, au début, quand on est en recherche d'un éditeur, pour se faire remarquer, pour commencer. Mais très vite, la logique et le souhait des auteurs, c'est d'arriver à une relation intéressante et constructive, avec un éditeur. C'est ce que veulent la plupart des auteurs.* »

J'ai lancé le concept « des fautes réelles découvertes, un livre (numérique) offert », appliqué à ce texte d'ailleurs, et je pense qu'il peut marquer une étape essentielle dans « l'engagement qualité de l'auto-édition. »

Il semble évident que jamais, sauf cataclysme (salvateur séisme), Aurélie Filippetti ne s'auto-éditera : elle est devenue une notable chez qui la publication d'un livre répond plus à un besoin de notoriété qu'à un engagement de vie. Elle parle d'écriture sans finalement savoir ce qu'est un écrivain en lutte pour une œuvre, donc au quotidien très précaire avant "une certaine reconnaissance".

Elle ajoute d'ailleurs : « *De fait, c'est le regard des éditeurs, qui fascine et importe le plus.* » D'un cas particulier, certes fréquent, elle tire une vérité qui plaît aux éditeurs. « *De fait, c'est le regard des éditeurs, qui me fascine et m'importe le plus* » aurait manqué de hauteur ! On peut comprendre qu'une fille de conseiller général ayant pu réaliser de hautes études ne se soit jamais posé la question du comment vivre de son oeuvre, ait préféré suivre les chemins balisés.

Tout ceci semble démontrer qu'il ne faut rien espérer de cette ministre, de ce gouvernement, de ce président. Malgré quelques saupoudrages « sociaux », François Hollande mène, avec moins de vigueur que son prédécesseur, une politique écrite par et pour l'oligarchie.

Une nouvelle économie du livre est pourtant possible

Il existe un formidable potentiel de développement du livre numérique en France. L'échec le plus caricatural, nul n'en parle : *Alapage*, créé pour commercialiser du livre en papier, qui aurait pu devenir « l'Amazon français », mais son créateur préféra le vendre à *France-Telecom* qui voulut en faire une grande plate-forme généraliste de ventes ; *Rue du Commerce* profita de l'échec pour récupérer la structure... et la "ferma" rapidement. Alors qu'il s'agissait d'un site « idéal » pour le lancement en France du livre numérique.

Je pourrais écrire un texte sur les prérequis nécessaires à un véritable portail des ebooks francophones. Oui, je l'écrirai peut-être en 2013, si j'en ai la force et le temps. D'ici ou d'ailleurs. J'essayerai de présenter un nouveau métier « global » : auteur-éditeur-libraire. Oui, presque tout, sauf la distribution... et la gestion des ventes !

Sur le site de l'auteur-éditeur classique, se greffe une connexion au tuyau de l'ensemble des livres numériques. Chaque auteur-éditeur pourrait ainsi concurrencer Amazon ! Techniquement, c'est facilement réalisable... si les ventes sont gérées par « ce tuyau. » Mais cela nécessite une volonté d'ouvrir la distribution des ebooks. Pour l'instant, de manière empirique, sur http://www.ebooklibraire.com je commercialise via des liens d'affiliation Amazon.

Le projet consiste, naturellement, à proposer les livres sous l'ensemble des formats de lecture, au moins epub, pdf et Amazon.

L'interdiction de l'auto-édition serait plus simple, madame Filippetti !

Mon combat est perdu d'avance ou réussirai-je à imposer ma voie, faire entendre ma voix ? Est-il possible aujourd'hui d'être écrivain indépendant en France ?

Madame Aurélie Filippetti, puisque vous soutenez tellement les installés, partagez leurs craintes, souhaitez les protéger contre Amazon, demandez donc au parlement d'interdire l'auto-édition ! Tout livre devra recevoir le sceau d'un éditeur accrédité par la reine, oh excusez ma plume, rayez ce « par la reine », nous vivons en oligarchie, oh zut, encore un terme à biffer car nous vivons en démocratie, un éditeur accrédité par le SNE, Syndicat National de l'Edition. D'ailleurs, le SNE, est déjà le « Syndicat National de l'Edition » alors qu'en réalité il ne peut prétendre qu'au titre de « Syndicat National des éditeurs traditionnels. » (vous comprenez la nuance, madame la ministre ? l'édition, en bon français, ce serait également l'auto-édition...)

Un écrivain doit se soumettre aux éditeurs traditionnels et s'il veut rester indépendant, qu'il crève ? Ou parte au Burkina Faso ? Non, la Russie ne me tente pas... je suis francophone !

Là-bas, avec mes revenus numériques, je pourrai vivre ! Parce que j'ai abandonné tout espoir au sujet du livre en papier...

IV) Quand une oligarchie gère sans vague un secteur : exemple de la chanson

Comme un écrivain indépendant

La sacem... en quinze points

1) 2004, observations romancée

Dans "*la faute à Souchon ?*", le roman publié en 2004, un personnage, Marjorie, compositrice et interprète, s'exprimait sur la sacem. Naturellement, on peut considérer qu'il s'agit des pensées de l'auteur. Flaubert, à ma place, aurait sûrement concédé « Marjorie, c'est moi », comme madame Bovary c'était lui.

(En avril 2008, monsieur Francis Cabrel et monsieur Richard Seff ont mandaté un avocat pour mettre en œuvre la procédure de retrait, amiable ou judiciaire, du contenu de la page http://www.auto-edition.info/presentations.html, en ligne depuis le 5 mars

2005, version numérique du chapitre 21 de la première partie de ce roman).

20 : la sacem (précisions de Marjorie)

Il ne faut rien attendre de la sacem. J'avais une copine là-bas ! La situation est figée. La sacem n'est pas une société d'auteurs au service de la chanson mais une société au pouvoir confisqué par une minorité, l'oligarchie.
« Dans toute oligarchie se dissimule un constant appétit de tyrannie » (Nietzsche)
Le Conseil d'Administration n'est pas élu par les membres mais par les « membres professionnels ».
Et pour devenir membre professionnel, la barrière des revenus est placée suffisamment haute, et durant trois années consécutives en plus, afin que puissent le devenir uniquement les auteurs et compositeurs inféodés aux majors.
Les vrais patrons de la sacem : les majors ! Ce n'est pas pour leur talent si quelques auteurs et compositeux sont aujourd'hui millionnaires mais parce qu'ils furent de la bonne écurie.
Dans cinquante ans les sommités de la sacem ne signifieront plus rien dans la culture française. Mais ce sont des notables, certains ont même pour cette unique raison la légion d'honneur, au moins « le mérite »...
Internet est la chance de la chanson. Mais il faudra retenir la parabole du Souchon : ne pas s'embourgeoiser, ne pas s'affadir en échange de quelques bienveillances et honneurs.

Envoyer des maquettes aux producteurs, c'est comme prendre un billet de loto. C'est attendre quelque chose du show-biz.

N'attendre rien. Faire, montrer et ne rien attendre. Si nos chansons sont bonnes elles finiront par être remarquées.
Avant, la solution c'était la scène.
Aujourd'hui, c'est internet. Je suis convertie !

Mais pouvons-nous TOUT dire ?

Si l'honnêteté règne dans le pays, un homme peut être audacieux dans ses actes et dans ses paroles mais si l'honnêteté n'existe plus, on sera audacieux dans les actes mais prudent dans les paroles (Confucius).

2) Sur la tarification des diffusions

En décembre 2005, dans *"Chansons trop éloignées des normes industrielles et autres Ternoise-non-autorisé"*, le texte *"La sacem"* éclairait son fonctionnement et proposait une autre approche, naturellement jamais adoptée ni même discutée (une discussion sans en référer à l'auteur de la proposition semble improbable dans une société où le droit d'auteur prime)

La sacem

En l'an 2000, la diffusion de quelques titres me permettait d'entrer à la sacem... je payais donc le « droit d'inscription »... 665 francs (chèque 3034969 tiré le 1er mars)... et depuis à chaque répartition où quelques euros me sont dus, une cotisation (6 euros) est prélevée...
Aujourd'hui... j'hésiterais à devenir membre de la « société des auteurs compositeurs et éditeurs de musique »...

La sacem peut-elle encore nier toute responsabilité dans l'état de crétinerie insignifiante où patauge la chanson française ?

La sacem collecte les droits d'auteur... et a instauré des grilles de tarification pour la diffusion...

À première vue, le plus choquant est que *Skyrock* ou *NRJ* payent nettement moins que *France-Inter* pour une même diffusion et même audience... (ou le contraire)

Mais il y a pire : une véritable incitation à l'absence de diversité par l'application d'une règle bête et méchante du passage en caisse : peu importe le titre, peu importe s'il est déjà passé quinze fois dans la semaine, il sera facturé comme un inédit, suivant son temps de diffusion...

Alors qu'une incitation à la diversité aurait été simple à instaurer... et en plus compréhensible : si une chanson est entendue pour la vingtième fois dans la semaine, elle ne suscitera pas la même qualité d'écoute qu'une inédite (en considérant la musique comme autre chose qu'un bruit de fond).

Système Ternoise pour une tarification hebdomadaire : à chaque diffusion, le tarif sacem baisse de 5%...

Les radios ont intérêt à multi-diffuser pour obtenir un tarif allégé ? Non, car le montant global facturé sera calculé chaque fin de semaine, où le montant des droits obtenus par la diffusion (disons montant R à 80) est comparé au montant d'une tarification sans diminution du tarif pour multi-diffusion (disons montant B à 100).

Et le montant à payer sera :

Tarif B (100) + [Tarif B (100) - Tarif R (80)] soit 120.

80 seront reversés suivant la diffusion, tel que calculé par le Tarif R, et 40 alimenteront un fonds de diversité musicale reversé aux plus faibles répartitions des sociétaires au moins diffusés une fois...

Inacceptable ! Les décisions de la sacem ne sont pas l'émanation de la délibération des sociétaires mais proviennent du conseil d'administration où siègent... les membres professionnels et définitifs, une oligarchie.

Applaudir quand le conseil d'administration de la sacem baisse de 50% le minimum de droits nécessaires durant trois années consécutives pour accéder au statut de sociétaire professionnel ? Laurent Petitgirard, alors président de ce conseil, reconnaît que le montant « *avait depuis 1980 augmenté deux fois plus vite que les indices servant de référence à la revalorisation des salaires.* »
Une manière d'avouer que depuis des années des membres verrouillaient au maximum. Tout en prétendant agir pour le bien commun...
Face à un contexte mouvementé, la sacem se sent menacée, vient de prendre conscience de l'aberration d'ainsi se priver du potentiel de 100 000 membres ?
Hé oui ! On ne peut escompter un soutien, une action, tout en même temps méprisant ! La sacem a encore du chemin à parcourir...

Précision 2013 : quelques doutes sur la fiabilité du suivi de diffusion des oeuvres sur nos "grandes radios", n'ayant jamais obtenu de feuillet avec des revenus "sud-radio" malgré des passages. Quand Benjy Dotti utilise quelques-unes de mes parodies pour son spectacle du même nom (parodies !), par exemple quatre mois au Théâtre Le Temple de Paris ou, devant moi (donc en plus de mon nom sur l'affiche je possède l'enregistrement de prestations) à Rocamadour ou Montauban... aucun droit versé par la sacem ! Où est le problème ? Les déclarations ? L'absence de déclarations ?...

3) Réformer la sacem

Publié dans "*Global 2006*" (dépôt légal janvier 2007), page 217 et suivantes.

Réformer la sacem

En 1997, ma petite poésie me semble dans une impasse, et condamnée à l'éternel anonymat si elle ne prend pas rapidement les habits de la chanson. Comme au XVIIe siècle prédominait l'écriture théâtrale. En vivre pour continuer. Avancer aussi des réactions.

J'avais une vague, très vague idée, du fonctionnement de ce monde-là : ma connaissance se limitait aux émissions de Jean-Louis Foulquier sur *France-Inter* et à la rencontre d'un auteur - compositeur - interprète membre de la sacem, cinq ans plus tôt, à Arras, au temps de mes premiers textes poétiques.

« Une petite vedette régionale » : la trentaine, auréolé d'un 45 tours dans « une maison de disques »... je lui avais envoyé une présentation, il m'avait invité et nous avions passé l'après-midi à discuter puis quelques soirées au restaurant... je le croyais intéressé par ma poésie, pensais même qu'il se l'approprierait pour « un prochain album »... mais il ne tarda pas à déclarer ses véritables intentions : il souhaitait (tout simplement !) être ma « première expérience homosexuelle » ; mon refus catégorique stoppa nette cette « amitié naissante ».

En 1997, je vivais neuf cents kilomètres plus bas, dans le Lot... à une soixantaine de kilomètres d'Astaffort, village connu par son adjoint au maire aux attributions culturelles : Francis Cabrel... organisateur de « rencontres » dont Jean-Louis Foulquier s'était, un vendredi soir, voulu le VRP. Je jouais la « carte régionale » et fin février 1998, ma déjà vieille 205 s'arrêtait sur la place de l'office du tourisme, à quelques mètres du 1 rue du Plapier où le maître m'avait convoqué avec 19 autres sélectionnés pour les dixièmes rencontres. Une semaine pour créer un spectacle en première partie de Louis Chédid.

Là me fut inculquée l'impérieuse nécessité de devenir « membre de la sacem », donc de pouvoir présenter au moins cinq « œuvres » dont l'une pourra se prévaloir d'au moins cinq diffusions sur une période supérieure à six mois. Le représentant du Lot-et-Garonne de la sacem répondait à nos questions, une « abondante » documentation était à notre disposition. Et un « ancien haut dirigeant de la sacem », reconverti « formateur » était même descendu de Paris pour nous conseiller lors du repas du dimanche soir : Philippe Albaret, également responsable du « *chantier des francofolies de La Rochelle* »...

Devenu membre de la sacem, j'ai reçu et lu les statuts. Impression de malaise. Pourquoi, alors que la sacem communique sur le nombre de ses membres, cette distinction entre membres « de base », membres professionnels et membres définitifs ? Aux élections suivantes, du Conseil d'Administration, aucun bulletin dans ma boîte... devenir « sociétaire professionnel », c'est obtenir 16 voix à l'Assemblée générale... et recevoir les bulletins de vote, qui ne sont pas envoyés aux simples membres, qui peuvent se renseigner et se déplacer à Paris s'ils veulent la prise en considération de leur petite opinion ! Donc ma voix compte 16 fois moins et en plus tout est fait pour que je ne participe pas au suffrage. Pourquoi ?

Puis je me suis lancé sur internet : la sacem veut bien reconnaître son inquiétude... mais à cause du « téléchargement illégal », danger imminent pour les sociétaires en situation de perdre le fruit de leur travail... la sacem, « en toute logique », veut mobiliser ses troupes.

Si plus de 100 000 membres se « révoltaient », quel concert !... et la situation du hold-up permanent perdurerait !...

Car il ne s'agit naturellement pas, pour la direction de la sacem, de défendre 100 000 membres mais de maintenir la situation actuelle où quelques centaines de ces membres et autant de très bien payés s'engraissent. Frais généraux généreux, subventions, aides... à certains...

Quand la sacem annonce « le coût net de la gestion des droits en 2004 a été de 114 millions d'euros. Il est en légère progression et représente 15,7% des droits perçus » elle joue sur le concept de coût net en retirant des charges nettes les 30,3 millions d'euros de ressources financières et diverses qui proviennent principalement du placement des droits en attente de répartition (donc de l'argent des sociétaires).

Le coût réel « de la gestion » est bien de 144,7 millions d'euros (1648 collaborateurs au 31 décembre 2004) soit 19,92% des 726,5 millions d'euros collectés en 2004.

Quand les œuvres de Ravel (décédé en 1937) tomberont dans le domaine public, de combien seront réduits les sommes collectées ? À quel pourcentage réel passeront les frais ?

Est-ce acceptable par les 109 000 sociétaires ? Ces 144,7 millions d'euros pourraient peut-être trouver une utilisation plus culturelle ?

Le danger d'internet pour la sacem, c'est l'information, la

circulation de l'information. Que ceux qui savent, devinent, enquêtent, puissent s'exprimer... Alors la sacem cherche des « parades ».

Laurent Petitgirard, président du Conseil d'administration, débute, en avril 2004, son édito par :
« *En décembre 2003, le Conseil d'administration de la Sacem a décidé de baisser de 50% le « cens argent », c'est-à-dire le minimum de droits qu'il faut pour pouvoir accéder au statut de sociétaire professionnel, puis à celui de sociétaire définitif.* »
Explication très instructive :
« *Cette baisse n'a pas été décidée arbitrairement, le Conseil ayant constaté que le cens argent, indexé sur l'évolution de la répartition des droits, avait depuis 1980 augmenté deux fois plus vite que les indices servant de référence à la revalorisation des salaires.* »
On peut traduire par : depuis 1980, le conseil d'administration a réussi à limiter l'accès au statut de sociétaire professionnel, permettant ainsi à un petit groupe inféodé aux majors de diriger sans opposition notre noble institution.

Premières informations chiffrées sur le cercle restreint : « *Vous étiez en tout 116 lors de la promotion de 2003. Avec cette mesure, vous serez 760 en 2004, parmi lesquels 576 nouveaux sociétaires professionnels et 187 nouveaux sociétaires définitifs.* »
Mais le nombre total des sociétaires professionnels reste « un secret »... (demandé... aucune réponse) secret levé dans la même *LETTRE*... en juillet 2006 : « *1971 sociétaires professionnels et 1766 sociétaires définitifs* »... *en fin d'un article où le siège de Neuilly a accueilli « 230 nouveaux*

sociétaires professionnels et 83 nouveaux sociétaires définitifs », la « promotion 2006. »

576 sociétaires professionnels en 2004, 230 en 2006, on peut présager un nombre similaire en 2005, soit 576 + 230 + 230 = 1236, qu'il convient de retirer des 1971 sociétaires professionnels actuels, ce qui nous fait par extrapolation assez précise pour 2003 : 735 sociétaires professionnels ; par honnêteté intellectuelle, nous pouvons conserver les 1766 sociétaires définitifs, en considérant que les sociétaires définitifs 2006 étaient déjà au moins sociétaires professionnels en 2003.

Pour obtenir le chiffre des « vrais » membres sacem 2003, il convient donc d'ajouter 735 et 1766. Soit environ 2500.

[Parmi eux, j'en suis persuadé, certains ne soupçonnent même pas cette politique... ils créent]

« Au début de l'année 2003, nous avons passé le cap des 100 000 sociétaires, pour terminer l'année autour de 105 000, parmi lesquels environ 90 000 auteurs et compositeurs vivants. »

Laurent Petitgirard, toujours *La Lettre*, en janvier 2004.

Environ 2,5% des membres étaient considérés en 2003. Trois ans plus tard, le président du conseil d'administration a vraiment de quoi fanfaronner, en appeler à la mobilisation générale : environ 4% peuvent s'exprimer.

Une oligarchie dirige la sacem. Et la direction demande aux sous-membres de défendre la citadelle assiégée. Comme les nobles au pouvoir exigeaient du peuple qu'il verse son sang pour la patrie en danger.

Combien d'années les 100 000 membres méprisés accepteront encore de compter pour de la bouse de vache ?

« Dans toute oligarchie se dissimule un constant appétit de tyrannie » (Nietzsche)

146

[Même si je devenais « membre pro », il ne me viendrait pas à l'idée de perdre mon temps dans un Conseil d'Administration. Qui plus est à Paris !]

4) Pour l'auteur de chansons

Également dans "*Global 2006.*"

Avant l'industrialisation de la chanson, le texte et la partition s'imprimaient, se vendaient aux particuliers et aux chanteurs des rues. Et chacun, ou presque, les reprenait. Ou non. Succès si rare.
Peu importait l'interprète, la chanson c'était son auteur. Parfois accompagné d'un compositeur, le plus souvent rédigeant l'ensemble.
Sur l'actualité, de nombreux chansonniers réagissaient, utilisaient les airs les plus connus. Libelles d'une journée, d'un mois, rarement d'une décade.

Nullement « un âge d'or » pour l'auteur : son nom apparaissait mais l'éditeur s'octroyait la majorité des bénéfices ; il payait l'impression et contrôlait plus ou moins les réseaux de distribution.

L'industrialisation relégua les créateurs en simples fournisseurs de matières premières, utiles pour habiller les interprètes. Finalement, ils n'en furent pas chagrinés ! Ils perdaient le « premier rôle » mais les miettes devenaient plus importantes !
L'interprète devint une idole, à laquelle les industriels offrirent une plus grosse part de miettes.
Pour l'auteur, en vivre et être reconnu passa par la scène, souvent en contrariant sa nature (Brassens aurait préféré simplement écrire). Décennies où la chanson fut identifiée

à l'auteur-compositeur-interprète, le plus souvent un « artiste » assez moyen dans les trois catégories mais suffisamment audacieux ou opportuniste pour tenir le rôle défini par les industriels. Rare fut l'exigence d'un Jacques Brel (il sut, qui plus est, s'entourer de compositeurs).

« Âge d'or » pour certains : des auteurs ont « fait fortune », en occupant parfois aussi des sièges dorés à Neuilly, à la sacem.

Internet, en présentant un peu partout les « paroles », témoigne du niveau où les couplets-refrains sont tombés ! Qui ne s'est jamais exclamé devant quelques lignes, « Je pourrais vraiment en faire autant ! » Les fournisseurs de matières premières sont devenus, eux aussi, le plus souvent, des industriels de la rime et servent leur guimauve à la tonne. Paroliers inféodés aux majors. Mais riches ! Les autres « n'existent pas » ! La sacem a su instaurer une technique limite pour les accepter comme membres et gérer la société au profit des inféodés aux majors : en inventant la notion de « membres professionnels » où le critère des droits touchés exclut tout auteur réellement indépendant. Et naturellement, les « éditeurs » ont conservé leur rôle historique de grands argentiers, en accaparant une bonne partie des « droits d'auteur ». Au départ, pour obtenir pareil avantage, ils effectuaient un travail de mise en relations entre créateurs.
L'éditeur est désormais le plus souvent une société de la même major que le producteur de l'interprète, une manière sans état d'âme ni masque de récupérer de l'argent. L'artiste, pour signer avec la major, se doit de signer un contrat d'édition (naturellement quelques exceptions).

Les « cerveaux disponibles », dupés quand ils n'avaient

que radios et télévisions pour découvrir « les nouveautés », sont devenus internautes, surfent à peu près librement et les jours d'errance peuvent s'arrêter sur le site d'un auteur indépendant. Naturellement, la plupart du temps, ils découvrent des sous-tubes, par des auteurs indépendants du seul fait qu'ils n'ont pas réussi à séduire des industriels mais continuent à essayer ! On peut ainsi lire : « si un producteur passe ici, je suis disponible pour écrire tout texte du genre Obispo, Goldman, Cabrel... »

L'auteur n'avait donc JAMAIS pu vivre de son art en imposant simplement son style. Internet peut lui permettre d'exister vraiment : produire quatre albums fut ma décision musicale essentielle de l'année !

Elles chantent Ternoise, Ils chantent Ternoise, Pierre Galliez cante Ternoise, CD Sarkozy selon Ternoise. La critique d'auto-glorification et mégalomanie sera sûrement placée. Mais c'est « faire date », inscrire dans la matière la démarche d'auteur.

Internet, fusion de l'ensemble des médias, avec une diminution exponentielle du coût de fabrication permet d'aborder autrement chaque domaine (comme si, en 1970, chacun avait pu émettre sa chaîne de télévision, ou en 1981 sa radio). Nouvelle possibilité nullement CONTRE les autres créateurs, compositeurs et interprètes, mais AVEC. Nous avons la même ambition : vivre de nos créations. Nous sommes dans le même camp : forcément contre les structures parasites gloutonnes de la majorité des bénéfices du travail des créateurs. Exit majors, commerçants (car naturellement, même avant la disparition du CD, la chanson n'a plus besoin de ces vendeurs).

Pas forcément chacun dans son coin : des producteurs

existeront toujours, regrouperont quelques artistes. Des structures artisanales, P.M.E. Une forme d'amicale ! Mais de qualité. Pas sur le modèle des collectifs actuels, plus clubs de poivrots ou fumeurs de joints. Un apport d'efficacités. J'apporterai textes et approche internet. Voix, compositeurs, arrangeurs, studio, bienvenus ! La fin des mastodontes. Inévitablement. Sauf s'ils parviennent à berner de nombreuses idoles en leur signant des contrats à vie !

[Cette évolution de l'univers musical, j'ai sûrement, en France, été le premier à la conceptualiser et tenter d'influer sur son déroulement.
Mais si j'étais arrivé « dans la chanson » dix, vingt ou trente ans plus tôt ? Aurais-je créé une structure indépendante ? Et donc connu « les difficultés » ! Aurais-je « simplement » publié ? Mais dans l'édition, mon indépendance aussi aurait été limitée par la technique. Aurais-je, finalement, tenté de séduire « une maison de disques » en pensant pouvoir, ensuite, « passer de vrais textes » ?
Répondre à ces hypothèses n'aurait pas grand sens. Nous sommes devant une nouvelle donne et les choix passés ne me concernent pas ! Chacun a et avait sa propre problématique. Certains font et d'autres attendent que tout tombe du ciel. C'est sûrement une distinction au-delà des difficultés de chaque époque ; certains font semblant de faire, aussi...
Cdequitables.com et wproducteurs.com marqueront, en 2007, une nouvelle étape.]

2013 : que sont ces quatre projets devenus ? Le "*CD Sarkozy selon Ternoise*" fut lancé le jour de la Saint-

Nicolas de décembre 2006 mais il contenait également *"Ségolène"*, adaptation de *"Bécassine"* (Chantal Goya), ce qui sembla retenir la presse dite de gauche (un chroniqueur du *Monde*, quelques mois après la diffusion de l'information Ségolène-Bécassine prétendit même lancer le rapprochement, voir *Histoire d'une censure médiatique aux élections présidentielles 2007 : le CD Sarkozy*). Le tout sur www.cdsarkozy.com *"Ils chantent Ternoise, SAVOIRS"*, fut produit en 2008. Absence totale de visibilité dans un univers contrôlé ! *"Pierre Galliez cante Ternoise"* n'existera pas, le compositeur-interprète, rattrapé par l'âge, a abandonné cet objectif et se consacre avec un talent certain à l'écriture de chansons pamphlétaires. Un album avec six interprètes, deux femmes et quatre hommes, "remplace" le *"Elles chantent Ternoise"* espéré. *"Vivre autrement (après les ruines)"* sortira le 15 mars, un album une nouvelle fois très artisanal, avec un coût de production très faible, chaque interprète ayant accepté de se débrouiller pour enregistrer du mieux possible, en système D ou home-studio. Plusieurs livres numériques essayeront d'attirer l'attention sur cet album.

Janvier 2014... bilan ? Un article dans *"le petit journal"* de Montauban, sans effet sur les ventes, malgré un avis très favorable « *Nous ne pouvons que vous conseiller ce splendide et bien plaisant album d'Auteur (...) une diversité surprenante que nous avons appréciée dans son ensemble tout en avouant avoir « craqué » indéniablement pour Magali Fortin et un sublime texte qu'elle interprète formidablement. « Vivre autrement » un album à écouter en boucle, sans hésitation aucune !... »*

5) Richard Seff, candidat au conseil d'administration en 2008

De la même manière que c'est en période électorale, les élections régionales, qu'un avocat toulousain invoqua la contrefaçon du logo et de la marque de la région sur conseil-regional.info, un site critiquant naturellement la politique de monsieur Martin Malvy au sujet du livre, c'est en période d'élections à la sacem qu'un autre avocat toulousain m'écrivit le 15 avril 2008, en Lettre Recommandée, ès « *conseil de Messieurs Richard Seff et Francis Cabrel* » :

« *Ces derniers me font part du contenu du site Internet dont vous êtes l'auteur, plus spécifiquement du chapitre 21 intitulé « Présentations » du roman mis en ligne et dont vous êtes l'auteur intitulé « La faute à Souchon ? »*

L'analyse de ce chapitre révèle que celui-ci porte atteinte aux intérêts de Monsieur SEFF d'une part en ce qu'il recèle un caractère injurieux, fait prévu et réprimé par l'article 29 de la loi du 29 juillet 1881, d'autre part en qu'il constitue un [sic] atteinte au droit moral de Monsieur SEFF et plus spécifiquement au droit au respect de son œuvre dont jouit l'auteur, droit que prévu [sic] à l'article L. 121-1 du Code de la propriété intellectuelle.

Aussi par la présente, je vous demande et vous met en demeure, dans un délai de huit jours, de procéder au retrait de la page litigieuse du site Internet dont vous êtes l'auteur.

A défaut je vous précise que j'ai reçu mandat de mes

clients de mettre en œuvre la procédure de retrait, amiable ou judicaire, de contenu illicite d'un site Internet en application des dispositions de la loi 2004-575 du 21 juin 2004.

(...) »

Que vient faire Francis Cabrel dans cette affaire ? Pas un mot à son sujet dans les explications. Chacun appréciera à sa manière ! Que vient faire la loi du 29 juillet 1881 ? Un moyen de pression pour un auteur censé ne pas connaître la loi ? Que vient faire le "contenu illicite" pour une œuvre publiée en 2004 et n'ayant suscité aucune procédure dans le délai légal ?
Je répondais. Par lettre recommandée et sur le site. Richard Seff était candidat au Conseil d'Administration, catégorie "auteurs." L'assemblée générale annuelle était convoquée le 17 juin 2008 à 14 heures 30, auditorium Debussy-Ravel, 225 avenue Charles De Gaulle, 92 200 Neuilly-sur-Seine. Dans sa présentation, Richard Seff notait « *Fondateur avec Francis Cabrel des Rencontres d'Astaffort et animateur de 1994 à 2001.* » Depuis, il siège dans cette vénérable assemblée, ce qui ne semble pas poser de problème à la sacem dans son financement des rencontres d'Astaffort.

Montcuq, le 25 avril 2008,

Cher maître,

Je vous remercie d'avoir trouvé le temps de m'informer que monsieur Francis Cabrel, chanteur de variété d'Astaffort en 1998 et monsieur Richard Seff parolier de

Toulouse en 1998, avaient trouvé le temps de lire, au moins partiellement, le roman *La Faute à Souchon ?*, publié en août 2004, dont la version numérique est présente sur le net depuis le 5 mars 2005.

Naturellement, cher maître, ma réponse ne va pas vous surprendre : j'imagine que vous avez prévenu vos clients du grotesque de leur exigence (ou alors, leur notoriété vous a retenu ?)

Cette exigence de retirer d'un site internet, sans fondement juridique, un chapitre d'un roman publié depuis presque quatre ans, restera dans l'Histoire d'Internet.

Je me souviens très bien d'avoir écrit et publié ce livre.

Comme vous l'avez remarqué, le chapitre 21 de la première partie (intitulée *Vraie Rencontre*) est le monologue intérieur d'un auteur retenu aux rencontres d'Astaffort par Francis Cabrel et Richard Seff. Projetant d'écrire un roman sur le show-biz à la française, en digne descendant de Zola, j'avais mené une minutieuse enquête, au point de proposer des bafouilles qui me suffirent pour être retenu comme auteur à ces rencontres, en 1998, où j'ai pu constater le peu d'estime porté par les auteurs compositeurs et interprètes présents pour Richard Seff et à un degré moindre pour Francis Cabrel. Les pensées de l'auteur, dans ce chapitre 21, qui semblent irriter vos clients, représentent une forte atténuation des propos tenus à Astaffort lors de mon enquête. Monsieur Seff pense-t-il vraiment qu'il avait écrit, en 1998, des paroles susceptibles de lui valoir la consécration des siècles futurs ?

154

MM Francis Cabrel et Richard Seff ne peuvent ignorer que les scènes situées à Astaffort sont le fruit de ma minutieuse enquête : ils m'ont sélectionné à leurs rencontres et je suis resté NEUF JOURS à Astaffort. Séjour certes difficile tant ce milieu est éloigné de ma vérité profonde.

Naturellement, j'ignore ce que sont devenues ces personnes. Monsieur Francis Cabrel continue-t-il à chanter ? Monsieur Richard Seff à exercer sa profession de parolier ? Si c'est le cas, je leur souhaite naturellement d'avoir progressé tout en doutant, en recevant une telle grotesque demande, qu'ils aient trouvé la voie de la sérénité. Car c'était bien le sujet du roman, le fossé entre ce show-biz et la Voie. Je doute donc qu'ils aient lu ce livre en intégralité (lisent-ils sur le net ? Ont-ils acheté ce roman ?)

Bref, en leur nom, vous invoquez l'article 29 de la loi du 29 juillet 1881. Votre compétence étant sûrement reconnue jusqu'au pays d'Isabelle Boulay (si vous ignorez de qui il s'agit, demandez à madame Francis Cabrel, je les ai croisées à Astaffort), vous n'êtes pas sans ignorer que cet argument est irrecevable.
L'article 29 de la loi du 29 juillet 1881 dispose que :
« *Toute allégation ou imputation d'un fait qui porte atteinte à l'honneur ou à la considération de la personne ou du corps auquel le fait est imputé est une diffamation. La publication directe ou par voie de reproduction de cette allégation ou de cette imputation est punissable, même si elle est faite sous forme dubitative ou si elle vise une personne ou un corps non expressément nommés, mais dont l'identification est rendue possible par les*

155

termes des discours, cris, menaces, écrits ou imprimés, placards ou affiches incriminés. »

Je ne commenterai pas cette affirmation de messieurs Seff et Cabrel, n'ayant pas de temps à perdre, préférant laisser l'Histoire juger et sourire, et laissant ces vénérables messieurs face à leur conscience mais vous confirme ne pas ignorer que « *l'action publique et l'action civile résultant des crimes, délits et contraventions prévus par la présente loi se prescriront après trois mois révolus, à compter du jour où ils auront été commis ou du jour du dernier acte d'instruction ou de poursuite s'il en a été fait.* »

Naturellement, vous ne pouviez l'ignorer, et le fait de vous y être référé sera sûrement apprécié par les personnes qui ont peut-être des illusions.

Le fait d'utiliser un argument dont on sait pertinemment l'inapplicabilité est de plus en plus fréquent...

Vous invoquez ensuite l'article L. 121-1. « *L'auteur jouit du droit au respect de son nom, de sa qualité et de son œuvre. Ce droit est attaché à sa personne. Il est perpétuel, inaliénable et imprescriptible. Il est transmissible à cause de mort aux héritiers de l'auteur. L'exercice peut être conféré à un tiers en vertu de dispositions testamentaires.* »

Si monsieur Richard Seff avait, en 1998, présenté une œuvre digne de Jacques Brel, il aurait effectivement pu être déçu de ne pas être encensé mais même les auteurs d'œuvres majeures n'échappent pas à la critique.

Il vous suffit d'ouvrir la presse pour trouver des critiques plus acerbes sur des créateurs dont l'œuvre est objectivement supérieure à celle de monsieur Richard Seff en 1998.

Le dialogue intérieur de l'auteur est un extrait d'une œuvre littéraire, roman se situant dans un contexte existant. Tout auteur est sujet à la critique. Quand elle est fondée, plutôt qu'essayer par des moyens risibles d'essayer de la rendre invisible, il ferait mieux de répondre en progressant.

Si vous souhaitez contester la liberté de critique en France, commencez donc par le blog de votre collègue, maître Philippe Bilger (dont je vous conseille de toute manière la lecture et à vos clients de même), avocat général près de la cour d'appel de Paris.

Messieurs Francis Cabrel et Richard Seff viennent, par cette demande, de montrer une très intéressante facette de leur personnalité et c'est peut-être ce qui restera d'eux dans l'Histoire.

Si monsieur Francis Cabrel et monsieur Richard Seff s'intéressent réellement à mes écrits (et non pas à ce qu'ils trouvent sur eux en lançant une requête sur gofrance.fr) ils connaissent mes réflexions sur les exigences d'autocensures présentées par des notables, sommités, entreprises qui pensent pouvoir obtenir, avec leur argent, un web conforme à leur dossier de presse. Mais il existe des Hommes libres. *Serait-il impossible de vivre debout*, chantait Jacques Brel.

Naturellement, monsieur Francis Cabrel et monsieur Richard Seff, s'ils mesurent le grotesque de la demande qu'ils vont ont prié d'effectuer, peuvent m'envoyer une lettre d'excuse. Je leur adresse ma plus profonde compassion.

Et c'est justement parce que je suis celui qui analyse l'autocensure sur internet, que je vais m'autocensurer, me coucher devant messieurs Cabrel et Seff, « *procéder au retrait de la page* » que vous osez qualifier de « *litigieuse.* » La remplacer par cette lettre. Et attendre ! Vont-ils, maintenant, messieurs Cabrel et Seff, exiger un grand autodafé du roman *La faute à Souchon ?*

C'est TOUT CE QU'ILS VOUDRONT (référence à une chanson d'Alain Souchon). Mais là, à deux conditions : que l'autodafé se déroule devant chez monsieur Cabrel, à Astaffort, et en direct sur TF1 (avec la présence des pompiers payés par monsieur Cabrel dont la fortune doit permettre une telle fête : j'accepte même qu'elle se déroule un soir où il n'y a pas de football à la télé).

Veuillez agréer, cher Maître, mes respectueuses salutations.

6) Changer la sacem de l'intérieur ? Candidat en 2009

Je décidais donc d'être candidat l'année suivante. Mais le conseil d'administration m'étant fermé pour cause de non appartenance à l'oligarchie, il ne me restait que la *Commission prévue à l'Article R. 321-6-3 du Code de la Propriété Intellectuelle.*

Décret numéro 2001-334 du 17 avril 2001 portant modification de la partie Réglementaire du code de la propriété intellectuelle et relatif au contrôle des sociétés de perception et de répartition des droits

« Art. R. 321-6-3. - L'associé auquel est opposé un refus de communication peut saisir une commission spéciale composée d'au moins cinq associés élus par l'assemblée générale parmi ceux qui ne détiennent aucun mandat social.

« *Les avis de cette commission sont motivés. Ils sont notifiés au demandeur et aux organes de direction de la société.*

« *La commission rend compte annuellement de son activité à l'assemblée générale. Son rapport est communiqué au ministre chargé de la culture ainsi qu'au président de la commission prévue à l'article L. 321-13.*

Ce qui devait me permettre une présentation dans la revue éditée par la sacem pour ces élections. Enfin l'opportunité de m'adresser aux membres... certes seulement ceux qui recevront ce document !... Je n'hésitais pas à provoquer dans ma lettre de candidature :

Monsieur Laurent Petitgirard
Président du Conseil d'Administration SACEM
255 Avenue Charles De Gaulle
92 528 Neuilly-sur-Seine Cedex

Objet : candidature à la commission prévue à l'article R.321-6-3 du Code de la propriété intellectuelle

Monsieur le Président du Conseil d'Administration,

Je fais par la présence **acte de candidature à la commission prévue à l'article R.321-6-3 du Code de la propriété intellectuelle.** Je suis membre de la sacem (carte numéro 15------- compte 7-----) et ne détiens aucun mandat social. Je présente cette candidature sous le nom de **Stéphane TERNOISE**, qui est mon pseudonyme officiel (sur carte d'identité) et aussi mon nouveau « nom de compte sacem », acte pour lequel j'ai payé 66 euros. **Si une adresse postale doit être communiquée : Jean-Luc Petit – BP 17 – 46800 Montcuq.**

J'ai bien noté que la sacem étant statutairement une oligarchie, les membres ordinaires (par opposition à l'oligarchie) ne recevront pas de bulletin de vote et leur voix sera limitée à une voix s'ils entreprennent les démarches pour participer au vote, leur voix est limitée à une voix, ce qui serait logique si les membres de l'oligarchie (ainsi nommés les membres dits sociétaires définitifs ou sociétaires professionnels) ne possédaient pas plus d'une voix.

Je vous prie de me confirmer ma candidature et suis curieux de voir comment vont se dérouler ces élections. Naturellement, je ne manquerai pas d'en informer les membres de la sacem qui suivent mes chroniques sur internet.

Veuillez agréer, monsieur le Président du Conseil d'Administration, mes montcuquoises salutations.
STEPHANE TERNOISE, parfois auteur de chansons, écrivain non subventionné.

Une réponse, par lettre, de Sylvain Lebel stoppait une partie de cette ambition,

Mon Cher Confrère,

Les membres du Conseil d'administration ont pris acte de

votre candidature à la Commission prévue à l'Article R. 321-6-3 du Code de la Propriété Intellectuelle en qualité d'auteur dans le cadre des élections qui seront organisées lors de la prochaine Assemblée Générale du 16 juin 2009.

Prenant connaissance des termes du curriculum vitae que vous nous avez adressé, les membres du Conseil d'administration ont considéré que ceux-ci n'étaient pas conformes à la décision du Bureau du Conseil d'administration du 2 décembre 2003, dont Madame Chantal ROMANET, Responsable du Service des Affaires Sociales, vous avait communiqué la teneur en date du 18 mars dernier.

En effet, les notices biographiques des candidats au Conseil d'administration et aux Commissions statutaires sont limitées à 200 mots au maximum ce qui implique qu'elles ne sauraient renvoyer à un ou plusieurs sites internet.
Il convient donc de retirer de votre curriculum vitae toutes les adresses internet qui y figurent. Nous avons procédé à ces retraits et vous trouverez, ci-joint, le texte qui en résulte.
Vous préférerez peut-être rédiger un texte différent, bien entendu dans le strict respect des termes de la décision du Bureau du Conseil d'administration de décembre 2003 dont je vous joins, à toutes fins utiles, un exemplaire.
Faute d'une réponse de votre part avant le 17 avril, c'est le texte corrigé, joint en annexe à la présente, qui sera publié.

Je vous prie d'agréer, Mon Cher Confrère, l'expression de mes sentiments distingués.

Sylvain LEBEL.

Que note le Bureau du Conseil d'administration du 2 décembre 2003 au sujet des adresses Internet ?

SOCIÉTÉ DES AUTEURS, COMPOSITEURS ET ÉDITEURS DE MUSIQUE

Décision du Bureau du Conseil d'administration du 2 décembre 2003

Le Bureau décide que :

- Les notices biographiques des candidats au Conseil d'administration ou aux Commissions statutaires seront limitées à 200 mots au maximum.

- Le contenu et la rédaction de chaque notice seront établis par le candidat concerné, et sous sa responsabilité.

- Les notices devront présenter un caractère strictement professionnel, et ne devront pas comporter de propos contraires aux intérêts de la société, d'allégations diffamatoires, injurieuses ou inexactes, d'indication de nature confessionnelle ou politique, et de profession de foi ou de programme électoral.

- La conformité des notices biographiques des candidats avec les dispositions qui précèdent sera vérifiée par le Conseil d'administration, lequel pourra d'office supprimer les mentions non conformes aux dispositions ci-dessus.

Il s'agit donc d'une "libre interprétation" de cette décision ! Aucune décision d'exclusion des adresses de sites internet dans la décision du Bureau du Conseil d'administration du 2 décembre 2003 !

Naturellement, je ne suis pas élu. En 2010, j'ai retenté. Cette fois sans spécifier de nom de domaine mais avec des titres de chansons déposées, qui furent supprimées également ! (oligarchie.fr étant le titre d'une chanson, suppression sans même une lettre de monsieur Lebel)

7) Ils soutiennent logiquement les industriels

En 2009, je continuais le combat également au niveau de l'information, en février dans une chronique intitulée « *SACEM : ils soutiennent logiquement les industriels* », et faxée au directeur de la rédaction de nombreux quotidiens, mensuels et même *Médiapart* et *Rue89* durant le semestre. Naturellement, par rapport aux documents précédents, vous subirez des "*redites*".

SACEM : ils soutiennent logiquement les industriels

De Stéphane Ternoise
http://www.journaliste.me

Qui comprend vraiment le rôle et les objectifs de la sacem ?
La sacem... Plus de 120 000 membres appelés à soutenir « *le texte du projet de loi Création et Internet.* » Il en allait de « *l'avenir de notre profession* » !... suivant les mails envoyés par notre vénérable institution de Neuilly... « *la mobilisation de tous les acteurs de la filière musicale (...) est vitale pour stopper l'hémorragie économique et sociale provoquée par le téléchargement illégal.* »
Et ce serait le paradis !
« *Par l'adoption de la loi Création et Internet, une chance*

nous sera donc donnée de ne plus subir Internet comme un danger, mais de l'utiliser pour promouvoir les nouveaux modèles économiques dans un cadre plus équitable. »
Quand Bernard Miyet, président du Directoire de la sacem, ose le terme équitable, les membres doivent l'acclamer ?... Ou enfin oser écrire la réalité sur notre sacem, oligarchie d'inféodés aux majors ?

Laurent Petitgirard, président du Conseil d'administration, débutait en avril 2004 son édito de *LA LETTRE* (de la sacem) par : « *En décembre 2003, le Conseil d'administration de la Sacem a décidé de baisser de 50% le « cens argent », c'est-à-dire le minimum de droits qu'il faut pour pouvoir accéder au statut de sociétaire professionnel, puis à celui de sociétaire définitif.* »
Explication très instructive : « *Cette baisse n'a pas été décidée arbitrairement, le Conseil ayant constaté que le cens argent, indexé sur l'évolution de la répartition des droits, avait depuis 1980 augmenté deux fois plus vite que les indices servant de référence à la revalorisation des salaires.* » Le conseil a pris le temps pour constater !
On peut traduire par : depuis des décennies, le conseil d'administration limitait au maximum l'accès au statut de sociétaire professionnel (en exigeant des revenus quasiment impossibles à atteindre sans travailler pour les majors), permettant à un petit groupe inféodé aux majors de diriger sans opposition notre vén(ér)a(b)le institution.
Devenir « sociétaire professionnel », c'est obtenir 16 voix à l'Assemblée générale, être éligible... et recevoir les bulletins de vote, pouvoir voter par correspondance... quand les simples membres doivent s'informer et se déplacer à Neuilly s'ils veulent que leur petite et unique voix soit comptabilisée.

Membre de la sacem depuis l'an 2000, j'obtenais alors mes premières informations sur le cercle restreint : « *Vous étiez en tout 116 lors de la promotion de 2003. Avec cette mesure, vous serez 760 en 2004, parmi lesquels 576 nouveaux sociétaires professionnels et 187 nouveaux sociétaires définitifs* ».

Mais le nombre total des oligarques reste « un secret »… levé dans la même LETTRE, en juillet 2006 : « *1971 sociétaires professionnels et 1766 sociétaires définitifs* »… en fin d'un article où le siège de Neuilly a accueilli la « *promotion 2006* », soit « *230 nouveaux sociétaires professionnels et 83 nouveaux sociétaires définitifs.* »

576 sociétaires professionnels en 2004, 230 en 2006, on peut présager un nombre similaire en 2005, soit 576 + 230 + 230 = 1236, qu'il convient de retirer des 1971 sociétaires professionnels, ce qui nous donne par extrapolation assez précise pour 2003 : 735 sociétaires professionnels ; nous pouvons conserver les 1766 sociétaires définitifs, en considérant que les sociétaires définitifs 2006 étaient déjà au moins sociétaires professionnels en 2003.

Pour obtenir le véritable chiffre des membres qui comptaient à la sacem avant la petite ouverture, il convient donc d'ajouter 1236 et 1766. Soit environ 3000. Le passage à environ 4000 n'y change pas grand chose : une oligarchie dirige la sacem et la politique du Conseil d'Administration vise naturellement au maintien des privilèges de ces sommités. Les autres sont priés de signer des pétitions quand l'ancien maire de Neuilly souhaite se proclamer du côté des créateurs même si Carla Bruni adore être « *téléportée.* »

Les élections au Conseil d'Administration sont toujours

l'occasion d'un grand bluff de communication : seul le nombre de voix obtenu est noté... le nombre de votants n'apparaît jamais. Ainsi en 2008, Richard Seff, catégorie auteur, fut élu avec 9871 voix. Ce qui, en appliquant la règle des 16 voix par oligarque, peut représenter moins de 650 électeurs... sur plus de 120 000 membres !... Quelle crédibilité pour parler en notre nom !... Et un éditeur fut encore plus mal élu, avec 7429 voix (Christian de Ronseray).

Jamais la sacem n'a vu en Internet la chance historique pour les créateurs de se libérer de l'emprise des marchands, des majors, des vendeurs...
Finalement, pour notre sacem, ce serait un moindre mal, le remplacement des vendeurs physiques par des vendeurs numériques... avec toujours les mêmes têtes de gondoles : peu importe l'éclosion de quelques stars via le net, elles sont rapidement aspirées par « le système » (pitoyable constat : à peine « découverts », les « jeunes artistes » s'empressent de se lier à une major !), l'essentiel est préservé : la prééminence des mastodontes sur les créateurs.
La *dernière lettre de la sacem* est significative du modèle économique souhaité (« *équitable* » !) : sur un téléchargement légal, la sacem redistribue 7 centimes aux auteurs compositeurs éditeurs...
Alors qu'un autre modèle économique était (est encore ?) possible : le téléchargement via le site de l'artiste avec répartition instantanée des sommes payées... Rien qu'une année de l'enveloppe « soutien culturel » de la sacem aurait suffi à développer un logiciel sécurisé... Mais l'enveloppe « soutien culturel », prélevée sur l'ensemble des membres, revient aux projets estampillés « utiles »...

166

Presque un épiphénomène comparé aux conséquences de la politique générale de la sacem.

Stéphane Ternoise - http://www.auteur.pro

8) Faire rire et réfléchir

En janvier 2010, fut déposé à la sacem le sketch intitulé "*44 472 733 inscrits*".

44 472 733 inscrits

Aux élections présidentielles d'avril et mai 2007, nos listes électorales comptaient 44 472 733 inscrits.
Chacun avait, naturellement, une voix. Nous sommes presque dans l'obligation d'ajouter naturellement, pour signaler cette égalité un ou une inscrit, une voix.

Nul ne doute que, la France recelant de nombreux chanteurs engagés, des auteurs compositeurs interprètes louangés pour leur grandeur d'âme et leur sens civique, nos Renaud, Souchon, Cabrel, Bruel, Carla Bruni et les autres n'hésiteraient pas à mettre leur vie en jeu pour oser chanter, défier le pouvoir, si un jour la loi électorale venait à changer. Même si elle changeait au Chili, il devrait se trouver en France des chanteurs assez courageux pour hurler leur indéfectible soutien à la démocratie.

Imaginez que sur plus de 44 millions d'électrices et électeurs, un million cinq cent mille, les 3 % les plus riches, aient droit à 16 voix par votes. Quant aux 43 millions insuffisamment fortunés, ils auraient, quand même, droit à leur petite voix par membre de cette grande communauté.

Qui plus est, dans cette élection nouvelle formule de notre président de la République, les un million cinq cent mille membres de l'oligarchie, les 3 % pourvus de 16 voix par nez, recevraient les bulletins de vote chez eux, avec la possibilité de voter par correspondance.

Quant aux citoyens de seconde zone, ils devraient d'abord, par tout moyen à leur convenance, s'informer de la date de l'élection et se rendre à Neuilly, par tout moyen à leur convenance, et là y déposer un bulletin dans l'urne. A voté !

Vous me direz, il y aurait une révolte des 43 millions d'électeurs qui se mobiliseraient car leurs voix cumulées dépassent, malgré tout, 16 fois un million cinq cent mille, donc ils peuvent prendre le pouvoir, rétablir ou établir la démocratie. Pas fou les oligarques : pour être candidat à la présidence de la république, il faudrait être membre de l'oligarchie.

Nos chanteurs en perdraient la voix, devant une pareille confiscation de la démocratie ?

Pourtant, nous ne les entendons jamais, nos chanteurs millionnaires, dénoncer le fonctionnement de la sacem où une oligarchie d'environ 3% des membres, a ainsi confisqué le pouvoir lors de l'élection de son Conseil d'Administration qui définit la politique de la maison, qui se fait naturellement au mieux des intérêts des 120 000 membres, nous n'en doutons pas ! Comme toutes les dictatures l'ont affirmé, les oligarchies sont éclairées. Et tout déviant prétendant le contraire doit être rééduqué !

Dans "Le magazine des sociétaires Sacem mai-août 2012"
je souris en lisant une grande publicité :

**« Certaines élections ne font pas autant
de bruit que les autres.
Elles n'en sont pas moins importantes...**

L'assemblée générale annuelle de la Sacem a lieu le mardi
19 juin 2012 à 14 h 30
au siège de la Sacem, 225 avenue Charles-de-Gaulle, à
Neuilly-sur-Seine. »

9) Oligarchie.fr

En février 2010, Oligarchie.fr donc, un texte de chanson
déposé à notre vénérable sacem avant les élections
annuelles.

Je venais de réussir à obtenir le site www.oligarchie.fr,
non renouvelé par son précédent propriétaire.

Oligarchie.fr

Quelque part entre démocratie et monarchie
Quelques privilégiés se sont tout approprié

Oligarchie

Parfois même dans notre pays elle s'épanouie
La souveraineté à une minorité

Oligarchie

Il faut nous croire tous atteints d'une sévère myopie
On ne sait plus analyser la réalité

Oligarchie

Nos chanteurs engagés vont la mettre en charpie
Sauf si leur intérêt dépasse leur intégrité

Oligarchie

Les dynasties acceptent quelques beaux assujettis
Tout régime a besoin de crétins récompensés

Oligarchie
Oligarchie

10) oligarchie.org

En juin 2010, pour oligarchie.org, j'ai repris le texte de 2008 :

La sacem, un fonctionnement en question : 120 000 membres mais un Conseil d'administration représentant d'une oligarchie.

Malgré la mise en place du vote électronique pour l'assemblée générale annuelle 2010 de la sacem, rien n'a changé : présentation d'une oligarchie : la sacem...

Malheureusement, ni oligarchie.fr ni oligarchie.org ne semblent intéresser les médias, et même les membres de la sacem. Je crois qu'un aquabonisme profond gangrène ce pays ! Certes, peut-être le calme avant la tempête. Un minuscule élément peut déclencher un véritable mouvement, qui s'appuierait alors, peut-être, sur certaines de ces analyses. D'où l'importance, malgré l'absence de réactions, de continuer, d'approfondir le sujet…

11) Subventionner : censure déguisée

Subventionner : censure déguisée

Bien plus subtil que la censure
Tenez-les par le bout du nez
Suffit d'les subventionner
Et ils raseront les murs

En haut de l'affiche
Des subventionnés
Des petits caniches
Ovationnés
Les insoumis à la niche
Personne vous connaît
Ma chanson ils s'en fichent
Elle sera pas diffusée

Même le président d'une région
Celui d'un Conseil Général
Financent quelques festivals
Distribuent des subventions

Quand il faut plaire aux extrêmes
Les installés ont leurs rebelles
Ils se gavent à la gamelle
Et bavent contre le système

En haut de l'affiche
Des subventionnés
Des petits caniches
Ovationnés
Les insoumis à la niche
Personne vous connaît
Ma chanson ils s'en fichent
Elle sera pas diffusée

Pour décerner les subventions
Bien sûr il faut du personnel
C'est au budget culturel
Qu'les amis émargeront
Bien plus subtil que la censure
Tenez-les par le bout du nez
Suffit d'les subventionner
Et ils raseront les murs

En haut de l'affiche
Des subventionnés
Des petits caniches
Ovationnés
Les insoumis à la niche
Personne vous connaît
Ma chanson ils s'en fichent
Elle sera pas diffusée

Un texte également publié dans "*Chansons trop éloignées des normes industrielles et autres Ternoise-non-autorisé*", suivi d'un court commentaire :

L'époque est à l'information des consommateurs : logos et inscriptions légales se multiplient.
Je préconise la création d'un « attention, ce produit est issu de la Kulture subventionnée. »

Les amis de vos amis, et ainsi tout s'ensuit, peuvent si les mails s'en mêlent, être avertis avant la nuit de la censure qui avant, c'est sûr, serait restée étouffée au moins des années.

La « société traditionnelle du comptoir » méprise l'indépendance : on se doit d'être « tous ensemble ». Et qui ne marche pas derrière la banderole sera vilipendé d'égoïste : « il se prend pour qui »…
Il leur reste le pouvoir d'insulter ! Comprendre comment des êtres en sont arrivés à passer chaque jour au « rendez-vous des amis » permet de se détacher totalement de tout vent mauvais parvenant parfois (ils savent maintenant utiliser les e-mails !).

Les êtres de réflexions sont minoritaires et même quand ils publient, ils doivent savoir qu'au mieux une infime partie de la population sera réceptive.
Comprendre le monde permet d'éviter déceptions et chagrins.

12) Du nécessaire détour par la sacem

Ce détour par la sacem ne vous semblait pas nécessaire ?

J'ai reçu début janvier mon relevé de compte sociétaire, la 621e répartition, du 04.01.2013, avec un solde antérieur à 0 euro.

Au crédit :

Téléchargement fichiers musicaux France	10,37
Téléchargement fichiers musicaux Etranger (Italie et Belgique)	0,05
Régularisation déduction forfait TVA	0,08

Au débit :

Cotisation SACEM	8,00
Cotisation Agessa Formation	0,04
Cotisation Assurance Maladie	0,09
Prélèvement CSG non déductible	0,24
Prélèvement CRDS 0.5%	0,05
Prélèvement CSG Déductible	0.52

Il reste donc en solde 1,46 euro.

En bas de page : solde non réglé – s'ajoutera à votre prochaine répartition.

Rarement l'une de mes répartitions atteint les 25 euros qui déclenchent le paiement (si 25 euros constitue toujours le minimum), ainsi à chaque répartition, la "cotisation sacem" grignote le peu de droits des modestes auteurs… Etonnant, non ? C'est légal, c'est une décision du Conseil d'Administration, celui des membres de l'oligarchie, naturellement une oligarchie éclairée pour laquelle les idiots utiles devraient se mobiliser quand elle craint pour ses avantages et son système.

Naturellement, dans cette répartition ne figure toujours aucun droit d'un humoriste qui utilisa mes textes. Je reste en contact épisodique et emaillaire avec un salarié de la sacem, à ce sujet. Sur les trois lieux de représentation notés, pour l'instant, une réponse : celle de Montauban n'existe plus.

Une lettre postale m'est également parvenue à ce sujet en juin 2012 :

Cher sociétaire,

Suite à votre mail de septembre 2011, nous sommes intervenus auprès des délégations concernées pour leur demander d'effectuer les vérifications nécessaires.
Or, l'une des délégations nous a fait part de recherches infructueuses quant aux spectacles de Montauban et Rocamadour, c'est pourquoi nous poursuivons les recherches.
La recherche des éléments utiles à l'instruction de votre dossier demande un délai supplémentaire.
Pour autant, nous mettons tout en œuvre pour le traiter dans les meilleurs délais et y apporter une réponse...

Les frais élevés de la sacem sont également justifiés par le travail de contrôle de la société. Il semble cependant que des spectacles puissent ne pas être déclarés. Ou déclarés avec d'autres titres que ceux réellement interprétés ? Naturellement, les auteurs se retrouvent dans une délicate situation, quand ils doivent dénoncer des interprètes par qui passent leur possibilité d'exister sur scène. J'ai noté trois lieux, Montauban et Rocamadour car j'y ai assisté, avec enregistrement artisanal des interprétations de mes textes et Paris car l'humoriste resta quatre mois dans cette salle. Il présenta naturellement ce spectacle avec mon nom sur les affiches dans bien d'autres villes. Je n'ai pas participé à l'écriture de son nouveau spectacle. Comme n'avaient pas participé à l'écriture du spectacle dans lequel figuraient mes textes, les auteurs de son précédent show. Etonnant non, résumerait peut-être monsieur Desproges.

13) Le salaire du patron

Le salaire de monsieur Bernard Miyet semble déjà oublié ! Puisqu'il est parti ! Son successeur ayant accepté le poste à des conditions moins avantageuses, circulez y a rien à renifler !

Bernard Miyet est arrivé à la Sacem le 5 octobre 2000, comme Vice-président du directoire, et il fut naturellement élu Président du directoire au 1er février 2001, réélu trois fois jusqu'en fin juin 2012. Ce devait être 2013, ce fut 2012. Peut-être parce que les vagues de son salaire montaient trop haut.

En 2010, son salaire était sorti dans les médias à 600 000 euros par an, suite à un travail de la Cour des comptes. Il choqua même des parlementaires.

Dans "*Main basse sur la musique*", publié en 2003 chez Calmann-Lévy, Irène Inchauspé et Rémi Bedeau, journalistes (Le Point, Le Figaro), racontent son arrivée en remplacement du grand maître durant quatre décennies, Jean-Loup Tournier, dont un récapitulatif (décembre 1998) annuel du bulletin paie est détaillé, à 425 000 euros. Selon les auteurs, qui spécifient leur source, un entretien avec M. Miyet le 19 décembre 2001. Ce dernier aurait demandé le salaire de son prédécesseur, qui fut considéré comme l'as de l'obscurantisme ! J'ai lu son "*vivre de sa musique à la sacem*", oeuvre que l'on peut qualifier d'hagiographique et sans réel intérêt (lecture néanmoins indispensable à qui souhaite comprendre la manière dont la sacem est devenue cette oligarchie à la dérive). Apprécions, de 2006, un magnifique « ...*le fameux réseau* dit Internet, *véritable apprenti sorcier de la reproduction et de la diffusion des oeuvres sans ordre ni contrôle jusqu'à présent, dans notre domaine. Il s'agit de la plus remarquable machine à violer les droits des créateurs qu'on ait jamais conçue, qui permet à tout un chacun de se transformer en pirate, grand bénéficiaire de la contrefaçon des disques ou autres supports d'oeuvres sonores et audiovisuelles. »* Quant à la plus remarquable machine à voler les créateurs, monsieur Tournier, avez-vous un nom ? La grande crainte du potentat fut une nationalisation mitterrandienne et il pestait contre « *certains dirigistes, avides de tutelle, contrôle ou autres contraintes* » pour finalement dénoncer la mise en place du « *contrôle aussi astreignant qu'inutile et coûteux.* » Je parlerais plutôt d'un contrôle insuffisant, laxiste, trop peu contraignant. Une dernière belle phrase : « *Pierre Delanoë, sans doute l'auteur de chansons contemporaines le plus talentueux et productif connu en France.* »

La section syndicale CFDT de la Sacem livra sa petite analyse en novembre 2011 :

« *A défaut d'être parvenu à soulever un semblant d'enthousiasme, le passage de Bernard MIYET aura parfois donné l'illusion d'un halo protecteur. Pur mirage. La Sacem qu'il s'apprête à quitter au terme de cette longue décennie se retrouve fragilisée, déprimée et contestée comme jamais. Des trois défis majeurs qui se dressaient devant lui (la transparence des fonctionnements, la modernisation des outils et le virage d'Internet), il n'aura su en relever aucun. De sorte que le discours lénifiant qu'il nous a déroulé en boucle, année après année, apparaît cruellement pour ce qu'il était vraiment : du vent !*

Pour autant, ces années décevantes ne sont pas, loin s'en faut, le fait du seul Bernard MIYET. Par ses aveuglements, ses inconséquences et ses arrogances, l'équipe dirigeante en place porte une lourde responsabilité dans la décadence en marche. Sans autre ambition que de préserver ses pouvoirs et ses privilèges, sans autre projet que de se survivre, elle pilote à la petite semaine une entreprise qui doute de tout, à commencer d'elle-même. Seul le profond attachement des salariés à leur entreprise et leur loyauté jamais démentie à l'égard des auteurs ont permis de conserver encore la tête hors de l'eau. Mais pour combien de temps encore...? »
http://cfdt.sacem.free.fr/site/actupdf/Actu201111.pdf

L'hommage de Laurent Petitgirard, président du Conseil d'administration, membre de l'Institut avait déjà été à minima dans le Magsacem : *« Bernard Miyet, président du directoire, qui aura dirigé notre société avec talent pendant près de douze années. »* Un peu tard, tout cela !

Le Conseil d'administration de la Sacem du jeudi 17 novembre 2011 "a désigné" Jean-Noël Tronc pour succéder à Bernard Miyet. Oui, je place des guillemets pour "a désigné." Car je m'interroge !

Jean-Noël Tronc ? 43 ans, diplômé de l'Institut d'Etudes Politiques de Paris et de l'ESSEC. Un brillant homme ayant débuté auprès du Vice-président de la Commission économique du Parlement Européen, qu'on retrouve ensuite ingénieur-conseil chez Accenture de 1993 à 1995, puis chargé de mission au Commissariat général du Plan de 1995 à 1997, Conseiller pour les technologies et la société de l'information auprès du Premier ministre

(Lionel Jospin) de 1997 à 2002. Quand le candidat presque socialiste échoue à la dernière marche, il devient Directeur de la stratégie et de la marque Orange puis Directeur général d'Orange France, de 2002 à 2007, avant un détour chez Canal Plus Overseas, Président-directeur général. Ce parcours peut mettre en évidence des liens très étroits entre la politique, le public et de grands groupes du privé. Non ? Conclusion inopiné ? J'ajoute néanmoins : oligarchie.

Un article de latribune.fr (Sandrine Bajos) du lendemain titre toujours *"Un proche de François Hollande à la tête de la Sacem."*

« *Jean-Noël Tronc, ancien conseiller Internet de Lionel Jospin, ancien directeur général d'Orange, est nommé numéro un de la Sacem. Il remplace Bernard Miyet dont la gestion était critiquée et prendra ses fonctions au plus tard en juin 2012.*

(...)

La gestion de Bernard Miyet avait été épinglée au grand jour en avril 2010, à la suite de la publication d'un rapport d'une commission rattachée à la Cour des comptes. Ce dernier dénonçait alors les salaires pratiqués à la Sacem et surtout ceux des dirigeants. Et en particulier celui du président qui touche, selon nos informations, près 750.000 euros par an.

(...)

Toujours dans le souci de redorer l'image de la Sacem et

"afin de simplifier son organisation et son fonctionnement", le conseil a modifié les statuts de la société de gestion de droits. Jean-Noël Tronc est ainsi nommé directeur général de la Sacem.

(...)

Un proche de François Hollande

Sans emploi depuis qu'il avait quitté il y a pratiquement un an la présidence de Canal + Overseas, filiale du groupe Canal+ en charge de l'international et de l'Outremer français, Jean-Noël Tronc n'est pas resté inactif pour autant. Homme de gauche et proche depuis longtemps de François Hollande, il a occasionnellement conseillé le candidat socialiste sur les questions médias et Internet. »

http://www.latribune.fr/technos-medias/medias/20111118trib000665319/un-proche-de-francois-hollande-a-la-tete-de-la-sacem.html
Plus récent, le 30 août 2012, *capital* :

« *Salaires rebondis (49.000 euros brut annuels en moyenne, sur quatorze mois), primes en pagaille, régime de retraite mirobolant, jours fériés « rattrapés » lorsqu'ils tombent un week-end, accord d'intéressement exorbitant, frais souvent remboursés sans notes, sans parler de la garantie de l'emploi et des neuf semaines de congé... Et la direction n'est pas la dernière à se servir. Comme l'a révélé la Cour des comptes, le précédent patron, Bernard Miyet, était payé 750.000 euros par an, et ses dix principaux cadres 266.000 euros en moyenne. Grâce à quoi cette noble maison engloutit aujourd'hui 20% de ses recettes en frais de gestion – et non 15%, comme tente de le laisser croire Jean-Noël Tronc.*

(...)

Jean-Noël Tronc a en effet exigé un salaire de 400.000 euros par an, pratiquement le même que celui du patron de la SNCF. « Depuis 2003, les revenus des sociétaires ont baissé de plus de 25%, j'entends donner l'exemple », serine-t-il cependant sur l'air du pipeau. »

http://www.capital.fr/enquetes/hommes-et-affaires/le-nouveau-patron-de-la-sacem-est-la-bete-noire-des-petits-commercants-751921

Quel fut le salaire de Bernard Miyet ? 425 000 euros en 2001 ? Combien en 2010 ? 600 000 ? 750 000 euros. Les membres du Conseil d'Administration doivent le savoir !

Dix ans après son départ, Jean-Noël Tronc reviendrait donc à un salaire exorbitant du niveau de Jean-Loup Tournier. Est-ce satisfaisant ? Acceptable ?

400 000 euros, soit 50 000 fois les désormais 8 euros de "cotisation sacem." Oui, il semble possible de payer le patron sur les insignifiants de mon genre !
Le problème de la sacem, ce n'est même pas le salaire du patron, si excessif soit-il, mais la confiscation du pouvoir par une minorité qui tient ainsi le Conseil d'Administration, oriente la politique de la société, dont les règles de répartitions, les subventions et naturellement le salaire du patron ! Tout est lié... La sacem, où l'exemple de l'échec de la gestion collective...

14) La gestion collective...

Dénoncer "la gestion collective", seuls les méchants capitalistes s'y oseraient ! La gestion collective, c'est le "tous ensemble" qui permet aux artistes d'être entendus... D'ailleurs « *la gestion collective obligatoire est un recours imparable, mais elle ne sera pas mise en place avant 2012-2013...* » Une confidence de Vianney de la Boulaye, directeur juridique de *Hachette Livre*, en décembre 2010, au sujet des difficultés à obtenir les droits numériques des auteurs. Naturellement, c'est un recours imparable pour permettre aux auteurs de tirer le meilleur profit possible de leurs œuvres, le groupe Lagardère étant un bienfaiteur de la culture française, sinon notre première dame ne leur accorderait pas la grandeur de sa plume et notre ministre de la Culture ne s'enorgueillirait pas des ses contrats d'édition.

Hé oui, on met tous les auteurs dans le même panier, quelques oligarques venus d'autres oligarchies les représentent et rapidement la nouvelle société s'inscrit dans l'oligarchie globale, parfois même "oublic" le collectif de son ambition initialement prétendue, pour défendre les intérêts de l'oligarchie, qui conforte ainsi sa mainmise sur l'ensemble de la société. Et comme parfois les oligarques se sentent menacés, par Google, Amazon ou Itunes, ils peuvent demander aux membres de base leur signature ou leur présence dans un cortège. « *Manipulation des foules* » chante Gérard Manset... [il ne s'agit nullement de caricaturer en un quelconque "big brother" tirant les ficelles mais de constater le résultat d'une dérive sûrement fondamentalement inhérente à la nature humaine où une minorité qui arrive à se penser nettement supérieure aux autres essaye d'asseoir sa

182

domination, d'où la nécessaire régulation démocratique. C'est bien à un détournement de démocratie que nous assistons, l'alternance Nicolas Sarkozy - François Hollande en étant un flagrant exemple politique. Faire tomber l'oligarchie de la sacem serait un acte révolutionnaire ! Noble ambition à mettre en chansons !]

Pourquoi, alors que nous sommes beaucoup plus nombreux (salut monsieur Coluche) laissons-nous faire ? Le premier qui ose dénoncer, s'indigner, est black-listé. Un créateur sans média est invisible. Un créateur dont les portes se ferment systématiquement devant le nez, se retrouve... oui, avec le « nez cassé » ! Mais les médias sont naturellement indépendants des oligarchies ! (non ce n'est sûrement pas le titre d'une chronique de Valérie T dans le *Paris-Match* de cette semaine) En êtes-vous certain ? Au delà des cas flagrants de contrôle capitalistique, la publicité convertit bien des tentatives généreuses, et le temps, les relations, se chargent du reste. Avec le temps, va... On finit par ressembler au milieu que l'on côtoie, on prend le cœur de la fonction, mi aigri mi fataliste. Comment croire en l'indépendance de journalistes qui voyagent régulièrement avec un président ? Pas seulement à Moscou mais également à Paris ! De nombreux journalistes voudraient bien envoyer un coup de pied dans la fourmilière mais comme le résumait Daniel Carton « *il faut bien bouffer !* »
Les oligarques nous tiennent en nous laissant espérer qu'un jour nous réussirons à entrer dans le cercle restreint. Mais combien de ceux maintenus dans l'ombre ne voient jamais le soleil ?

Il reste toujours l'espoir qu'un texte constitue l'élément déclencheur. Un jour un journaliste osera donner de l'audience à ce genre d'analyse, il y gagnera la rancune de quelques grandes fortunes mais également une notoriété qui le mettra à l'abri, un peu. Les "médias sociaux" peuvent également s'emballer sur un rien. Et il existe des fluctuations historiques : l'impossible le devient, il est évident que quelque chose va se passer. Mon problème, c'est de tenir jusqu'à cette période où mes écrits seront suffisamment lus pour me permettre d'en vivre décemment. Vincent Van Gogh aurait sûrement apprécié de connaître le triomphe de ses "croutes".

J'ai récemment lu une analyse d'Emmanuel Todd, notée du 15 août 2012 : « *La vérité de cette période n'est pas que l'État est impuissant, mais qu'il est au service de l'oligarchie* » Désormais à la une de l'ignoré oligarchie.fr

Et comme l'écrivait Dominique Wolton dans marianne.net le 14 Décembre 2012 « *Si les journalistes sont de moins en moins crédibles, c'est parce qu'il existe une oligarchie médiatique qui ne représente ni l'opinion, ni la société, mais elle-même, et qui vit en symbiose avec l'élite politique.* »

J'espère, j'attends donc, un sursaut des politiques et des journalistes.

Est-ce utopie d'espérer que ce texte puisse y contribuer ?

Dominique Wolton ajoutait des phrases que je peux également reprendre à mon compte : « *Ma démarche ne s'inscrit pas contre les journalistes, comme je l'écris depuis longtemps. Dans un univers saturé d'informations, ce sont des intermédiaires indispensables. Mais pourquoi ce milieu composé de gens intelligents est-il en train de basculer ? Pourquoi cette oligarchie n'entend-elle rien ?* »

Il distinguait « *trois groupes : l'« élite», l'oligarchie des éditorialistes et des dirigeants, qui remplace de plus en plus une élite intellectuelle, culturelle et universitaire déclassée depuis presque quarante ans. La classe moyenne des journalistes, majoritaire, de plus en plus intéressante, qui porte un regard critique sur l'oligarchie, mais n'ose pas l'affronter. Enfin, la troisième classe, les jeunes, en partie précarisés, qui sont souvent sur les réseaux. Ils veulent s'en sortir, mais manquent pour beaucoup de réflexion critique et s'imaginent qu'avec Internet, un nouveau monde s'offre à eux !*" »

Comment remplacer cette gestion collective ? M. Tournier redouta une nationalisation... L'informatisation de l'ensemble des flux permet d'envisager une gestion publique simplifiée des droits, en service universel. Naturellement, il ne s'agirait pas d'une gestion collective obligatoire mais d'une délégation de collecte des droits. Aucune nationalisation même : ce service public devrait permettre aux sociétés comme la sacem de s'éteindre faute de sociétaires ! Je doute que M. François Hollande ait cette grande ambition ! Je la lance donc pour 2017.

15) La sacem en 2013

La page "*La Sacem en chiffres*" ne regorge pas d'informations !

En 2012 :

- 145 000 sociétaires (dont 17 750 de nationalité étrangère)
- 62 millions d'oeuvres du répertoire mondial représentées

- plus d'1,1 million d'oeuvres (françaises et étrangères) déposées au répertoire
- 802,6 M€ de revenus collectés

En 2011 :

- 649,8 M€ répartis aux ayants droit (collectés en 2010 et 2011 - hors action culturelle)
- 18,4 M€ consacrés au soutien du spectacle vivant, de la création et de la formation dans tous les genres musicaux

Et c'est tout !
Combien de "grands électeurs" ? Nécessité de fouiner...

Juillet 2006 : « *1971 sociétaires professionnels et 1766 sociétaires définitifs* » : 3737.
En 2006 là il y avait eu 230 nouveaux sociétaires professionnels et 83 nouveaux sociétaires définitifs.
Sachant que le sociétaire définitif doit passer par la case "sociétaire professionnel".

Les dernières informations sur le sujet figurent dans le numéro 81 de Magsacem, mai-août 2011

« *Admis à la Sacem, les adhérents peuvent devenir sociétaires professionnels (deux mille deux cent cinquante-cinq actuellement), puis sociétaires définitifs (deux mille soixante-six), dès lors qu'ils remplissent les conditions de droits (« seuils ») pendant trois années consécutives sur les quatre dernières années précédant leur promotion. « La promotion de cette année compte deux cent quatre-vingt-dix sociétaires », indique Thierry Jotterand. Chaque année, ces nouveaux promus sont invités au siège de la Sacem pour participer à des*

186

rencontres ou à des « cérémonies » organisées en lien, là encore, avec le département de la communication. »

Disons donc, vers avril 2011 : « *2255 sociétaires professionnels et 2066 sociétaires définitifs* » : 4321.

En 2014, vont-ils fêter le 5 000 oligarques ?
La croissance du nombre de membres est naturellement plus importante que celle des oligarques.

Moins de 5 000 sur 145 000. Même pas 3,5%. Ce chiffre justifie bien l'utilisation du terme oligarchie, qui ne me fut jamais contesté, même quand il jaillit à la face de notre président (du Conseil d'Administration) en 2009.

Laurent Petitgirard, président du Conseil d'administration de la Sacem, dans le dernier magsacem (janvier 2013) "*le magazine des sociétaires sacem*", après avoir débuté son édito par « *Les remous de « l'affaire Depardieu » ont fait ressurgir toutes sortes de rancœurs, de confusions ou d'extrapolations qui appellent un éclairage serein. Gérard Depardieu, figure exceptionnelle de notre cinéma, a été pris dans une tourmente et on ne peut que déplorer avoir vu de hauts responsables politiques souffler sur les braises, au lieu de chercher à éteindre l'incendie. Dans la foulée, tous les clichés sur les gains des acteurs ou des auteurs sont revenus à la surface.* » Dans une approche très sacem d'en haut donc. Il nous informe : « *en 2011, 48 811 sociétaires Sacem ont touché des droits, pour une moyenne de 4 527 euros (elle était de 4 682 euros en 2009), que seuls 3 000 d'entre eux ont dépassé l'équivalent du smic annuel et que pour beaucoup de ceux qui ont touché moins, cet argent est essentiel (sont exclus de ces chiffres les droits des éditeurs ainsi que ceux* reversés aux auteurs étrangers, par le biais de leur société de gestion collective). » (*Numéro 86, janvier-avril 2013*)

Le chiffre de 3 000 doit être rapproché de l'approximation d'environ 5 000 oligarques. Certains le sont devenus mais n'ont pas réussi à maintenir leurs revenus...

Le numéro 85, septembre décembre 2012, nous accordait un chiffre au sujet des élections. Comme d'habitude avec la communication sacem, ça se veut très optimiste mais une lecture édifiante est permise :
« *Pour la troisième année, les sociétaires ont pu s'exprimer en ligne du 22 mai au 18 juin. Le succès de ce mode de scrutin ne s'est pas démenti, avec plus de 750 votes électroniques supplémentaires par rapport à 2011. Tous modes de vote confondus (par correspondance, sur place et en ligne), 3 344 membres se sont exprimés, dont 77,5 % via Internet. À cette occasion, un tiers des membres ont été élus au conseil d'administration et une partie des membres des Commissions ont été renouvelées (Commission des programmes, Commission des comptes et de surveillance et Commission prévue à l'article R. 321-6-3 du code de la propriété intellectuelle.* » 3 344 membres se sont exprimés ! Hourra !
On ne peut donc pas dire que seuls les 3 000 membres dont les revenus dépassent le smic votent !

Dans ce même numéro, Jean-Noël Tronc, après trois mois à la Sacem, analysait : « *À la différence du cinéma ou de la presse, par exemple, les gens connaissent très mal la manière dont fonctionne le secteur de la musique, et les clichés tiennent souvent lieu d'opinion quand on parle de la musique, du droit d'auteur ou de la gestion collective.* » Hé bien, je vais essayer de participer à la meilleure connaissance du grand public. M'en remercierez-vous ?

De cette interview je dois vous recopier : « *Pour expliquer notre fonctionnement et la philosophie de nos statuts, j'utilise souvent l'image d'une « coopérative ouvrière », qui vit pour et par ses sociétaires, au service desquels je suis moi-même, comme tous nos salariés, et non l'inverse. Notre Conseil d'administration et nos commissions statutaires, qui se réunissent plusieurs fois par mois, sont le garant de cet intérêt général.* »

L'intérêt général de l'oligarchie aurait sûrement fait désordre dans la bouche du nouveau patron !

Retournant sur le site de la sacem, sur mon espace membre, je décidais de présenter une nouvelle fois ma candidature, un soir, comme ça ! Naturellement, pas au Conseil d'Administration, toujours fermé aux simples membres.

Assemblée générale 2013 - Mode d'emploi

Pour exprimer votre voix, trois modes de vote :

- En ligne : du 17 mai 9h au 17 juin 12h.
- Par correspondance : pour les sociétaires professionnels et définitifs jusqu'au 17 juin à 12h au plus tard (voir les modalités indiquées dans la convocation).
- Sur place : le 18 juin, au siège social de la Sacem.

Conseil d'Administration de la SACEM
255 Avenue Charles De Gaulle
92 528 Neuilly-sur-Seine Cedex

Le 4 mars 2013

Objet : candidature à la Commission prévue à l'article R. 321-6-3 du CPI

Monsieur le Président du Conseil d'Administration,

Je fais par la présence **acte de candidature à la commission prévue à l'article R.321-6-3 du Code de la propriété intellectuelle.** Je suis membre de la sacem catégorie AUTEUR (carte numéro -------- compte ------) et ne détiens aucun mandat social.
Je présente cette candidature sous le nom de **Stéphane TERNOISE,** qui est mon pseudonyme officiel (sur carte d'identité et également mon « nom de compte sacem »).
Si une adresse postale doit être communiquée : Jean-Luc Petit – BP 17 – 46800 Montcuq.

Je vous prie de me confirmer ma candidature.

Présentation officielle ci-dessous. Adresse mail pour échanges : -------@autoproduction.info

Veuillez agréer, monsieur le Président du Conseil d'Administration, mes cordiales salutations.

STEPHANE TERNOISE

Présentation Stéphane Ternoise en 200 mots:
« Après avoir conceptualisé la transformation du monde culturel grâce à Internet durant une décennie, Stéphane Ternoise est devenu, avec l'arrivée de l'ebook, l'écrivain de la révolution numérique en France.

Ses romans (principalement "*le roman du show-biz et de la sagesse*" sur l'univers musical et "*peut-être un roman autobiographique*") ont enfin trouvé un réel public.
Ses essais, pièces de théâtre, livres d'art, comme textes de chansons, sont sortis de l'anonymat. Ses photos témoignent d'un monde qui disparaît, la campagne lotoise, le Quercy.

Dans le domaine de la chanson, après "*Savoirs*", totalement ignoré par les médias, il a autoproduit début 2013 "*vivre autrement*" (*après les ruines*), un album d'auteur, vraiment indépendant, avec six interprètes. Ces albums s'inscrivent dans la volonté de l'écrivain d'une œuvre protéiforme en dehors des exigences contemporaines.

Stéphane Ternoise se considère auteur de chanson et non parolier, simple facette d'une vie d'écrivain où romans, essais et théâtre priment.

Constatant qu'un artiste indépendant ne peut plus vivre en France, il a choisi, pour continuer d'écrire, de s'exiler en Afrique, cette année, après la sortie, dans une perspective stendhalienne du "billet de loterie", de son sixième roman et d'un essai racontant ses deux décennies de lutte pour une indépendance réelle. »

191

"*La Faute à Souchon ?*" dont doit se souvenir au moins l'un des membres du Conseil d'Administration, fut publié en numérique sous le titre "*Le roman du show-biz et de la sagesse.*" Passera-t-il l'épreuve de la censure ? C'est le grand enjeu ! Rendez-vous sur http://www.candidat.info !

Providentielle candidature ! La décision du Bureau du Conseil d'administration de décembre 2003 me fut ainsi de nouveau communiquée... avec, en dessous :

« *Décision du Conseil d'administration du 18 février 2010*

En complément de la décision prise par le Bureau du Conseil d'administration du 2 décembre 2003, le Conseil d'administration décide que :

les notices biographiques des candidats ne devront contenir aucune référence à des liens internet, à défaut ces liens internet seront systématiquement retirés, avant publication des biographies. »

Je comprends donc pourquoi, en l'an 2010, lors de ma deuxième candidate, monsieur Sylvain LEBEL ne m'adressa pas cette décision ! Il se souvenait très bien avoir utilisé une explication irrecevable pour supprimer mes adresses Internet l'année précédente ! Cette partie administrative fut réalisée en 2013 par madame Arlette Tabart et l'envoi des documents par la responsable du Service des Affaires Sociales.

La décision du Conseil d'administration du 18 février 2010 pourrait donc s'appeler "article anti Ternoise" qui me fut donc appliqué rétroactivement dès 2009 !

Pour rappel, monsieur Sylvain LEBEL notait en 2009 « *En effet, les notices biographiques des candidats au Conseil d'administration et aux Commissions statutaires sont limitées à 200 mots au maximum ce qui implique qu'elles ne sauraient renvoyer à un ou plusieurs sites internet.*

Il convient donc de retirer de votre curriculum vitae toutes les adresses internet qui y figurent. Nous avons procédé à ces retraits et vous trouverez, ci-joint, le texte qui en résulte.

Vous préférerez peut-être rédiger un texte différent, bien entendu dans le strict respect des termes de la décision du Bureau du Conseil d'administration de décembre 2003 dont je vous joins, à toutes fins utiles, un exemplaire. »

Et j'en avais conclu que cette décision de décembre 2003 n'excluait nullement des références aux sites Internet.

Quant aux statuts, j'en ai naturellement consulté la dernière version, celle en ligne... On ne sait jamais !?

Article 7 : Le capital social est divisé en parts égales qui sont attribuées aux Membres à raison d'une par personne, physique ou morale, quelles que soient sa ou ses catégories (auteur, auteur-réalisateur, compositeur, éditeur), ou sa qualité (Adhérent, Stagiaire*, Sociétaire professionnel, Sociétaire définitif) et dont chacune ouvre droit à une voix en Assemblée générale.

Les héritiers, légataires et cessionnaires de l'associé décédé, en représentation de ce dernier, ainsi que les cessionnaires de droits visés à l'article 18 du Règlement général qui adhèrent aux présents statuts, disposent également d'une part de capital social ouvrant droit à une voix en Assemblée générale.

Les parts de capital social ne sont représentées par aucun titre.

Article 25 bis : L'Assemblée générale se compose de tous les associés de la société qui y disposent chacun :
- d'une voix, conformément à l'article 7 ci-dessus, quelles que soient sa ou ses catégories et sa qualité ;
- de quinze voix supplémentaires, conformément à l'article 2 ter ci-dessus, quelles que soient sa ou ses catégories, lorsqu'il a été nommé en qualité de Sociétaire professionnel soit postérieurement au 1er janvier 1972 soit antérieurement à cette date s'il remplit les conditions prévues pour la nomination au Sociétariat professionnel à compter du 1er janvier 1972 ou lorsqu'il a été nommé en qualité de Sociétaire définitif.

* La notion de "Stagiaire" ne doit pas vous embrouiller. Son explication figure dans les CONDITIONS GÉNÉRALES D'ADMISSION

Article premier La Société des Auteurs, Compositeurs et Éditeurs de Musique se compose de Membres qui peuvent être :
1° Adhérents ;
2° Sociétaires professionnels ;
3° Sociétaires définitifs.
Les Membres admis en qualité de Stagiaire avant le 1er janvier 1972 conservent cette dénomination et les droits et obligations attachés à cette qualité.
Les Membres nommés en qualité de Stagiaire professionnel avant le 1er janvier 1999 prennent la dénomination de Sociétaire professionnel et conservent les droits et obligations qui étaient attachés à cette qualité.

Une voix pour nous, 16 voix pour eux, rien de changé sous le soleil de Neuilly, la sacem reste une oligarchie.

16) La sacem en 2014... bonus lors de la réédition

D'abord les résultats de la petite élection à la commission prévue à l'article R.321-6-3 du Code de la propriété intellectuelle :

Pour les auteurs :
Serge Lecoq 12821 voix élu
Michel Fariner 7421 voix élu
Jean-Michel Adde 7206 voix
Stéphane Ternoise 5960 voix

5960 voix, c'est énorme ! Qui a voté pour moi ?... Naturellement, divisé par 16... il ne reste que 372,5 membres de l'oligarchie... Il y eut donc bien des membres pour apporte leur unique voix à cette grande comédie. Naturellement, je n'ai pas voté. Candidat d'accord, électeur non !

Chez les compositeurs :
Claude Blondy 10788 voix élu
Carlos Leresche 10744 voix élu
Dominique Marigny 8727 voix
John-Frédéric Lippis 4441 voix

Editeurs : 2 candidats pour 2 postes
Sylvie Hamon 17127 voix élue
Marie-Hélène Jarno-Taphorel 15 252 voix élue.

L'essentiel, pour moi, se déroula durant "la campagne"... car une "campagne" fut exceptionnellement autorisée... la sacem a découvert twitter ! Opportunité d'un dialogue avec Monsieur Laurent Petitgirard, alors toujours président...

15 mai 2013... un message surprenant, envoyée par la responsable du suivi des dossiers de candidatures (enfin, de mon suivi) et destiné à 46 adresses mails dont la mienne (dans lesquelles je pense reconnaître les adresses des candidates et candidats, de Gilbert Laffaille à Michel Adde en passant par Michel Farinet ou Patrick Lemaître) et deux Copies conformes : Laurent Petitgirard et Arlette Tabart, adresses sous sacem.fr

Objet : Candidatures aux élections du 18 Juin 2013

Texte : « *Bonjour,*

Le Conseil d'Administration a été informé qu'un candidat aux élections vient, contrairement aux dispositions de l'article 107 du Règlement général actuellement en vigueur en ce qui concerne les élections au Conseil d'administration et aux diverses Commissions, d'informer de sa candidature des sociétaires par voie de messagerie électronique.

Considérant que cette situation risque de créer une inégalité de chances entre les candidats, le Conseil d'Administration a décidé, à titre exceptionnel, et dans le prolongement des réflexions qui conduisent à proposer à la prochaine assemblée générale extraordinaire la modification des dispositions de l'article 107 du règlement général, d'autoriser l'ensemble des candidats aux différentes élections (Conseil d'administration, Commission des Comptes et de Surveillance, Commission des Programmes, Commission prévue à l'article R .321-6-3 du Code de la Propriété Intellectuelle) à communiquer avec leurs confrères sur leur candidature à la condition de rester strictement informatifs.

Bien cordialement,

Le Secrétaire Général »

L'adresse mail sous sacem du Président du Conseil d'administration semble "logique" mais je capte immédiatement l'opportunité de l'interpeller... en m'adressant également à l'ensemble des membres dont l'adresse mail fut ainsi divulguée... occasion d'un peu de publicité. Le 22 mai à 18 heures 11 :

« *Bonjour,*

Non seulement le règlement peut être adapté par le Conseil d'Administration (pour plaire à l'un de leurs amis ?) mais en plus NOS ADRESSES COURRIELS sont divulguées par la sacem dans son message du 17 mai ! Qu'en pensez-vous de ce genre de pratique ?

Bref, je ne vais pas vous inviter à voter pour moi !

22 mai 2013... le jour des grandes sorties
- 5 ans après l'album "Savoirs" : "Vivre autrement (après les ruines) : http://www.chansons.org

- 4 ans après "ils ne sont pas intervenus" : le roman "Un Amour béton (Comment Kader Terns avoir été numéro 1 des ventes numériques en France)."
http://www.romancier.org/roman2013.html

J'ai publié de nombreux livres numériques ces deux dernières années. Il s'agissait essentiellement d'anciens textes (comme l'ensemble de mon répertoire de théâtre) ou d'essais.
Mais dans le domaine de la production de CDs comme dans celui de l'écriture de romans, c'est très long !
1) Je ne suis pas chanteur, je ne suis pas compositeur. Je

pense être le seul en France à poursuivre une démarche d'albums d'auteur... Qui plus est totalement indépendant et sans grand budget !

Comment faire un bon album avec des bouts de ficelles ? Trouver des partenaires pour ces aventures inédites...

Découvrez : Blondin, Dragan Kraljevic, David Walter, Lor, Magali Fortin, Yann Ferant.

Cet album est disponible dans un beau digipack (16 euros pour la France) et sur le net en numérique (vous pouvez bénéficier d'écoutes gratuites)

A la une de http://www.chansons.org , site officiel de cet production.

2) Quatre ans après "ils ne sont pas intervenus", désormais connu en numérique sous le titre "peut-être un roman autobiographique."

Mon sixième roman : "Un Amour béton", sous-titré "Comment Kader Terns avoir été numéro 1 des ventes numériques en France."

Présentation, début :

http://www.romancier.org/roman2013.html

Un roman policier, un roman d'amour, ce « un Amour béton » ?

Certes une intrigue policière, des morts, des meurtres, de la vengeance, des femmes, des hommes, des couples, des amants, des trahisons, Aubervilliers, le Quercy.

Mais il s'agit d'un « véritable roman littéraire », bien plus exigeant que les textes habituellement classés en « romans policiers », qui plus est depuis la déferlante numérique...

Donc un roman susceptible d'intéresser un large public ou rester invisible faute de réel ancrage dans un genre précis !

Kader Terns, le « météorite du livre numérique, disparu dans d'affreuses circonstances. »

Un journaliste lotois osa même « en découvrant un paradis insoupçonné, le charme sauvage et pittoresque de nos coteaux du Quercy, l'inclassable auteur du 9-3 ignorait les dangers du béton, qui guettent tout néo-rural souhaitant restaurer l'une de nos belles demeures abandonnées. »

Vos médias s'en délecteront bientôt : Kader fut broyé, son assassin présumé s'est suicidé, sa complice potentielle clame son innocence derrière les barreaux et moi, qui devais tenir le rôle peu glorieux du nègre de l'autobiographie du « jeune et talentueux écrivain choc de l'année 2011 », j'hésite à la croire tout en redoutant de rapidement me retrouver soupçonné...

Dois-je laisser "éclater l'affaire" ou puis-je raconter comme j'en avais l'intention quand la version de l'accident me sembla aussi stupide qu'évidente ?

Mais tout ceci, c'était avant. Avant que tout s'accélère et m'aspire dans le tourbillon...

Un roman au coeur de l'époque :

Comment devient-on numéro 1 des ventes numériques en France (sur Amazon) ?

Présentation, début :
http://www.romancier.org/roman2013.html
3 euros 99 en numérique. Sortie en papier dans quelques semaines.

3) 22 mai 2013... Pour la première fois de ma vie, j'ai mis les pieds sur le sol d'Afrique... où je devrai peut-être bientôt m'exiler faute de revenus suffisants pour vivre en France... 15 jours au coeur d'une grande pauvreté, dans un pays où "tout" est à reconstruire mais où il fait très chaud !...

Je publierai bientôt sur le sujet...
A lire : Contrairement à Gérard Depardieu, dois-je quitter la France ?
http://www.utopie.pro/quitterlafrance.html

"Cahors, 42 inscriptions aux Monuments Historiques" (livre numérique de photos) est ainsi sous-titré "Le livre des adieux à Cahors de l'écrivain photographe lotois"
http://www.cahors.pro

4) Merci de relayer ces informations...

Stephane
Stephane Ternoise
http://www.ecrivain.pro
Auteur et éditeur indépendant depuis 1991
Contact postal : Jean-Luc Petit - BP 17 - 46800 Montcuq »

Oui, en reprenant ce dossier, je m'aperçois de l'erreur entre le 15 et 17 mai...

Le mercredi 22 mai 2013 à 19 heures 27 j'obtenais une réponse. De Laurent Petitgirard, via une adresse personnelle (sous un autre serveur que la sacem) avec une copie à son adresse sacem.

Objet : Re: elections sacem... nos adresses mails...

« *Cher Monsieur,*

Je ne sais absolument pas de quoi vous me parlez, ni à quel "ami" vous faites allusion.

Il se trouve que le règlement Sacem en ce qui concerne les élections, est totalement obsolète et que pénaliser un candidat par ce qu'il explique ses motivations aux électeurs serait contesté avec succès devant n'importe quel tribunal.

C'est pour cela que nous proposons une modifications de nos statuts.
La technologie est allé plus vite que le rythme annuel des AG, les réseaux sociaux font que l'on doit inévitablement s'adapter.

Alors oubliez vos fantasmes du complot et comprenez que le Conseil d'Administration doit en permanence veiller à protéger la Sacem.

Interdire d'élections un candidat qui a simplement communiqué sur sa personnalité, son parcours professionnels et ses motivations, c'est simplement risquer l'annulation de l'AG toute entière par un tribunal.

Pour le reste, la suite de liens que vous présentez ne me semble avoir que peu de rapport avec cette élection.

Quand à l'affichage des adresses courriels, c'est certes une maladresse, mais lorsque l'on se présente à une élection, on doit s'attendre à être joignable.

Cordialement.

Laurent Petitgirard »

Je prenais le temps de répondre. Il est évident que pareille occasion ne se représenterait sûrement pas.

201

Le 27 mai 2013 à 14:02, j'écrivais ainsi :

« *Cher Monsieur Petitgirard, Président de "notre" Conseil d'Administration,*

Nos observations, parfois, aboutissent aux mêmes conclusions. Avec certes un grand décalage dans le temps ! Je ne peux que sourire en lisant votre réaction :
"Il se trouve que le règlement Sacem en ce qui concerne les élections, est totalement obsolète et que pénaliser un candidat par ce qu'il explique ses motivations aux électeurs serait contesté avec succès devant n'importe quel tribunal.
C'est pour cela que nous proposons une modifications de nos statuts.
La technologie est allé plus vite que le rythme annuel des AG, les réseaux sociaux font que l'on doit inévitablement s'adapter."

Je dois donc vous rappeler qu'Internet existe depuis bien longtemps !
Néanmoins... est-ce une manière de me conseiller de contester devant un tribunal vos prochaines élections ?
Candidat, je ne voterai pas.
Car je considère inacceptable de compter pour une voix alors que vous détenez 16 voix.
Je considère inacceptable de ne pas pouvoir être candidat au Conseil d'Administration car le conseil d'administration est verrouillé par une minorité, ce que j'appelle depuis de nombreuses années l'oligarchie.
Vous êtes environ 4500 (membres professionnels et définitifs, dernier chiffre non connu) sur plus de 140 000 membres (vous préférez communiquer sur ce chiffre) à garder la mainmise sur la sacem.

Considérez-vous que le conseil d'administration de la sacem doit mettre fin à cette situation d'oligarchie pour transformer la sacem en démocratie ?

Suis-je allé plus loin que votre volonté au sujet de la modification des statuts de la sacem ?

Suivant minutieusement la politique de votre Conseil d'administration, je sais que vous avez fait bouger un peu les choses...
Comme vous le notiez dans votre édito d'avril 2004 :
« En décembre 2003, le Conseil d'administration de la Sacem a décidé de baisser de 50% le « cens argent », c'est-à-dire le minimum de droits qu'il faut pour pouvoir accéder au statut de sociétaire professionnel, puis à celui de sociétaire définitif. »
Avec l'explication très instructive :
« Cette baisse n'a pas été décidée arbitrairement, le Conseil ayant constaté que le cens argent, indexé sur l'évolution de la répartition des droits, avait depuis 1980 augmenté deux fois plus vite que les indices servant de référence à la revalorisation des salaires. »
J'avais traduit par : depuis 1980, le conseil d'administration a réussi à limiter l'accès au statut de sociétaire professionnel, permettant ainsi à un petit groupe inféodé aux majors de diriger sans opposition notre noble institution.

Ma traduction vous convient, je pense ! Elle n'a jamais été contestée.

Cette situation d'oligarchie perdure pourtant. Elle ne vous dérange pas, ès président ?

Quant au reste. Nul "fantasmes du complot."
En 2009 monsieur Sylvain LEBEL me supprimait les adresses de mes sites Internet dans ma présentation de candidat, au motif qu'elles "n'étaient pas conformes à la décision du Bureau du Conseil d'administration du 2 décembre 2003."

Alors que votre conseil d'administration n'a pris cette décision qu'en 2010 : « Décision du Conseil d'administration du 18 février 2010
En complément de la décision prise par le Bureau du Conseil d'administration du 2 décembre 2003, le Conseil d'administration décide que :
les notices biographiques des candidats ne devront contenir aucune référence à des liens internet, à défaut ces liens internet seront systématiquement retirés, avant publication des biographies. »

Vous auriez pu noter qu'il s'agissait d'un attendu anti Ternoise !

Quant à l'affichage de mon adresse courriel personnelle.
C'est plus qu'une maladresse. Nous sommes en 2013 et non en 2001.
Tout le monde se doit désormais de connaitre la "copie conforme invisible."

J'aurais naturellement été d'accord pour être joignable. Il suffisait de demander une adresse mail publique ou... un site Internet !...

Si vous aviez lu mon dernier roman, ou mon essai "quitter la France", vous n'auriez pas écrit "la suite de liens que vous présentez ne me semble avoir que peu de rapport avec cette élection."

Mon lectorat reste faible !

Dans l'attente de votre réponse,

(finalement, je peux résumer mon questionnement :
- Pensez-vous que le statut d'oligarchie soit encore acceptable dans une société comme la sacem qui prétend défendre les droits de l'ensemble des auteurs, compositeurs, éditeurs ?)

Bien amicalement,

Stéphane Ternoise »

Je n'escomptais naturellement pas obtenir une réponse point par point. Mais espérais néanmoins quelques phrases utiles dans le cadre du document "sacem oligarchie."

Le 27 mai 2013 à 17 heures 04, le Président répondait en envoyant également la réponse à Louis DIRINGER, ARLETTE TABART, Chantal ROMANET, Jean-Claude PETIT, Jean-Marie SALHANI.

« Cher Monsieur,

Je ne peux bien évidemment en aucun cas être d'accord avec cette analyse que vous faites d'une prétendue oligarchique de 4500 sociétaires professionnels et définitifs.
Il ne serait absolument pas normal qu'un membre de la Sacem, auteur comme 50.000 d'entre eux de moins de dix œuvres et n'ayant qu'une activité d'auteur très marginale, occasionnelle ou quasi inexistante, puisse se retrouver en

*position de prendre des décisions cruciales qui concernent
le droit d'auteur.*

*Ce membre en question serait en fait, comme une majorité
de nos membres, beaucoup plus un utilisateur qu'un
créateur de musique.*

*Son intérêt de consommateur serait que tout soit gratuit et
en aucun cas la défense de la rémunération des créateurs.*

*Le palier des 16 voix est à hauteur du Smic, je trouve cela
très raisonnable.*

*Quand à nous d'écrire comme inféodés aux Majors c'est
insultant et surtout particulièrement stupide et de
mauvaise foi.*

*Si c'était le cas, on repartirait par sondage à plus de 50%
de la diffusion comme les anglosaxons qui veulent limiter
le coût de l'analyse des programmes.*

Donc ma réponse à votre dernière question est celle-ci :

*Je pense surtout que les pires détracteurs de la Sacem
sont les créateurs qui la rende responsable de leur
manque de réussite professionnelle alors qu'elle ne peut
être que le reflet de la diffusion réelle des œuvres.*

Sur ce, je retourne composer.

Cordialement.

LP

Envoyé de mon iPhone »

Comme c'est drôle, finalement ! Il ne peut « *bien
évidemment en aucun cas être d'accord avec cette analyse
que vous faites d'une prétendue oligarchique de 4500
sociétaires professionnels et définitifs.* » Et finalement
expose ses raisons de maintenir l'oligarchie à la tête de la
sacem.

Le Mercredi 29 mai 2013 à 14h55, j'écrivais donc aux six.

Objet : Reponse Ternoise a votre message - Re: elections sacem... nos adresses mails...

« *Chères mesdames, chers messieurs,*

Monsieur Laurent Petitgirard ayant décidé d'élargir le cadre de l'échange qu'un simple membre, candidat à une vague commission, se permettait d'avoir avec lui ès qualité de président du conseil d'administration, je m'adresse naturellement également à vous pour ma réponse. En vous précisant que je lirai avec plaisir vos remarques, avis, réactions, informations, qui me permettront sûrement de mieux comprendre le pays dans lequel je vis encore (mon départ pour l'Afrique est toujours d'actualité car malgré de nombreuses créations mes revenus ne me permettent plus de vivre en France, même sous le seuil de pauvreté, ce "manque de réussite professionnelle" signifiant sûrement un manque de talent, si je vous ai bien suivi monsieur Petitgirard)

Vous prétendez donc, Monsieur Laurent Petitgirard, que « le règlement Sacem en ce qui concerne les élections, est totalement obsolète » et je pense que le mal est bien plus profond, dans les statuts, qui font de la sacem une oligarchie où 4500 membres confisquent le pouvoir (eux seuls peuvent être élus au Conseil d'Administration et ils bénéficient de 16 voix lors des élections avec des facilités de vote), avec des conséquences néfastes pour le plus grand nombre, pour la création en général.

Après vous avoir lu, monsieur Laurent Petitgirard, j'éprouve un sentiment de malaise encore accentué en consultant la page d'accueil du site sacem.fr "la sacem, c'est plus de 145 000 sociétaires."

Vous nous demandez de nous impliquer dans "notre" sacem mais vous (les 4500, l'oligarchie) souhaitez conserver tous les réels pouvoirs, décider de toutes les orientations. Vous balayez d'un revers de main la contestation (« les pires détracteurs de la Sacem sont les créateurs qui la rende responsable de leur manque de réussite professionnelle »), préférez décrédibiliser les indignations, dont je suis le simple porte-parole... Il semble exister un décalage profond entre le quotidien des pauvres qui essayent de vivre de leurs modestes créations et ceux qui arborent leur réussite comme si elle signifiait un talent exceptionnel devant lequel tout le monde devrait se prosterner.

Il ne s'agit pas comme vous le notez de seulement 50.000 membres « de moins de dix œuvres et n'ayant qu'une activité d'auteur très marginale, occasionnelle ou quasi inexistante » mais de 145 000 membres déconsidérés.

Qui plus est vous nous caricaturez en nous prétendant incapables de sauvegarder le droit d'auteur auquel nous préférerions la gratuité ! Il s'agit là certes d'une variante de "votre" peur de l'Internet, qui représenta pourtant un immense espoir. Ce n'est pas la gratuité que je défends mais la justice, qui passe par une démocratisation de la sacem.

Nous sommes là pour "faire du nombre" devant le grand public et les pouvoirs publics ? Mais quand il s'agit des grandes décisions, des orientations, seule l'oligarchie peut en décider, naturellement pour le bien de tout le monde ?...
Car vous prétendez agir pour le bien du droit d'auteur et

de l'ensemble des auteurs ! Je peux vous égrainer une petite liste de décisions qui témoignent, selon moi, du contraire, en favorisant une minorité.

Sans même reprendre le "depuis des décennies", il suffit d'observer notre millénaire, cette manière dont vous avez essayé de freiner Internet pour permettre aux majors de préserver leur prédominance sur le monde de la musique.

J'ai proposé en 2007 une autre formule pour la diffusion des oeuvres en radio et télévision, qui actuellement favorise la concentration sur une petite partie du catalogue, justement celle des majors qui ont les moyens de promouvoir leurs poulains. Il est naturellement logique de dénoncer les salaires élevés de la sacem (acceptés par le CA), les subventions culturelles me semblent bénéficier aux installés et non favoriser l'émergence de "nouveaux talents" - et non de clones ou enfants de stars ; il me semblerait déontologiquement préférable que la sacem ne subventionne pas des organismes créés par un membre du conseil d'administration de la sacem ou par un ancien salarié de la sacem ; la cotisation sacem forfaitaire, à chaque répartition, permet de ne pas payer les faibles revenus et s'il en reste un peu, le seuil minimum de déclenchement du paiement permettra à la répartition suivante d'appliquer une nouvelle cotisation donc de très rarement payer les « auteurs peu diffusés »...

Naturellement, je comprends votre souci de défendre les intérêts d'une minorité. Vous êtes élu et serez réélu par une minorité (combien de voix avez-vous obtenues ? ces voix représentent combien de membres sachant que les oligarques en possèdent 16 ?) donc défendez ses intérêts.

Même si vous n'aimez pas le terme, il s'agit bien d'un fonctionnement oligarchique.

Sociétaires, nous n'avons pas tous les mêmes droits.

Pourquoi, alors que vous exposez vos raisons d'un système oligarchique, le mot oligarchie vous dérange ?

A cause de Nietzsche et son « Dans toute oligarchie se dissimule un constant appétit de tyrannie » ?

Pourquoi ne pas clairement signifier "aux jeunes", qu'il leur faudra d'abord apporter "un smic" mensuel à la société avant de pouvoir s'exprimer ?

Pourquoi communiquer sur 145 000 sociétaires alors que vous n'êtes que 4500 ?

Il me passe ainsi un autre slogan : "la sacem, c'est 4500 sociétaires importants et 140 000 minables."

Comme vous le savez, pour atteindre "un smic" de revenus mensuels (qui plus est durant trois ans), il est quasiment indispensable pour l'auteur ou le compositeur, de travailler avec des majors.

Vous pourriez sûrement me citer quelques "indépendants."

Je mets indépendants entre guillemets, car distribués par des majors !

Et naturellement, les 4500 sociétaires importants de la sacem sont auteurs et compositeurs d'oeuvres majeures. Il suffit d'écouter la radio pour s'extasier devant la qualité des oeuvres diffusées !

Vous pensez donc qu'il n'existe aucun problème de diffusion en France, ni de monopole de fait, de liens entre les médias et certains groupes ?

Vous pensez vraiment que la sacem remplit son rôle de défense du droit d'auteur ?

Il est trop facile de décrier Itunes quand vous constatez

que 7 centimes sont à répartir par la sacem sur des oeuvres vendues 99 centimes (sur les ebooks vendus par Itunes, Kobo, La Fnac, 53% du prix TTC me revient, un autre modèle économique...).

J'ai exposé la manière dont Internet aurait pu révolutionner le monde de la chanson, au profit des créateurs. Avec un an de prétendue "action culturelle", la sacem aurait pu développer un système ouvert, permettant aux artistes de vendre leurs oeuvres en toute légalité. Naturellement, les majors se seraient scandalisées d'un tel système ouvert et légal !

Vous avez fermé les oreilles à cette idée donc ne soyez pas surpris qu'elle vous revienne...

Quant à ma conclusion, pour adopter le style de mon cher Sénèque, je vous paierai cette lettre avec une citation, elle provient de notre ministre : "Voilà ce qui fait peur, parce que nous sommes le nombre, nous sommes la force, et eux ils sont la minorité qui nous exploite." (Aurélie Filippetti, les derniers jours de la classe ouvrière)

Veuillez agréer, Monsieur Laurent Petitgirard, Chères mesdames, chers messieurs, mes respectueuses salutations d'auteur indépendant.

Stéphane Ternoise
http://www.ecrivain.pro
http://www.utopie.pro »

Aucune réponse dans la journée. Ni dans la semaine.

Le 10 juin 2013 à 17:03, je renvoyais le message, également en pièce jointe PDF. Après un échange avec

@sacem (sur twitter) et la réponse "@*ternoise Il ne me semble pas que votre correspondance avec le président soit complète, votre texte s'arrête sur 1 commentaire de sa réponse*"

La réponse fut rapide, de Laurent Petitgirard à Ternoise Stéphane et copie aux cinq autres, le lundi 10 juin 2013 à 17h34.

Objet : Re: Reponse Ternoise a votre message - Re: elections sacem... nos adresses mails...

« *Cher Monsieur,*

Je n'ai jamais associé la qualité d'une œuvre et les droits qu'elles génèrent, je compose de la musique contemporaine qui n'est certainement pas le genre musical le plus rémunérateur.

Vos fantasmes d'oligarchie sont fatigants, injustes, caricaturaux et surtout ne correspondent à aucune réalité. Vos attaques sur notre politique culturelle sont totalement infondées, vous êtes vous seulement donné la peine de regarder en détail la liste des projets aidés ?

Vous pourriez avoir tous les votes du monde aux élections de la Sacem, ce n'est pas cela qui fera rayonner votre œuvre, ce sera sa qualité, votre obstination à la faire connaître et le sentiment d'espoir que vous dégagerez, à l'opposé de l'aigreur qui transpire à chacun de vos propos.

Mais votre site est d'une telle prétention, "L'écrivain qui a compris avant les autres la révolution numérique que je retire aigreur, c'est d'un complexe aigu de supériorité qu'il faut parler.

Sincèrement je n'ai pas l'intention de perdre une seconde de plus à répondre à votre argumentation.

Je retourne composer, j'espère que vous ferez de même avec vos textes.

Bonsoir

LP »

J'en avais assez, de réponses, de non réponses. Monsieur Laurent Petitgirard s'exprimant ès président de la sacem, ses arguments me semblaient mériter une audience surmultipliée par leur présence dans mes livres !

Le Mercredi 12 juin 2013 à 17h00, j'envoyais un message à l'ensemble des adresses divulguées par la sacem.

« *Bonjour,*

Message aux candidats... avec copie à notre président du Conseil d'administration (techniquement : le contraire en CCi)

Elections à la sacem le 18 juin 2013 : 145 000 sociétaires, 145 000 voix ? NON !
Certains (environ 4500) bénéficient de 16 voix et EUX SEULS peuvent être élus au Conseil d'Administration, l'organe central de la Sacem, celui par exemple qui accepta le salaire exorbitant de M. Bernard Miyet (600 000 euros annuels ou plus ?) et ses conditions de départ...

La sacem, une organisation oligarchique.

Où les 140 000 membres de base peuvent se consoler en étant candidat à la "Commission prévue à l'article R .321-6-3 du Code de la Propriété Intellectuelle."

Candidat à cette commission donc, cette candidature m'a permis de dialoguer avec le Président du Conseil d'Administration.
Merci à monsieur Laurent Petitgirard de m'avoir répondu.
Un passage exceptionnel : "le règlement Sacem en ce qui concerne les élections, est totalement obsolète et pénaliser un candidat par ce qu'il explique ses motivations aux électeurs serait contesté avec succès devant n'importe quel tribunal."

Oui le règlement fut modifié car la sacem semble avoir découvert twitter en 2013 !
Mais juste pour permettre de communiquer sur une candidature...

http://www.candidat.info communique donc !

Candidat, je ne voterai pas. Je refuse un système où ma voix vaut un seizième de celle des oligarques.

Tout membre de la sacem se devrait d'essayer de faire avancer des idées justes.
Une organisation démocratique plutôt qu'oligarchique me semble nécessaire. Et vous ?

http://www.candidat.info expose le vrai problème, pour

les 145 000 sociétaires, pour les médias, pour le grand public (qui paye quand même pour la copie privée dont la sacem redistribue une grande part)

Le plus souvent, les "membres de base" ne lisent pas les statuts et ne s'intéressent pas à ces élections...

L'Assemblée générale 2013 de "notre" Sacem se déroulera le 18 juin 2013, sûrement logique quand on sait que notre maison se situe avenue Charles de Gaulle, à Neuilly.
Ceci est donc "un peu", mon appel du 18 juin.

http://www.candidat.info vient d'être créé...

Vous êtes candidat. Quelle est votre position ?

C'est, selon moi, le point essentiel que chaque candidat devrait exposer : pour ou contre une véritable réforme des statuts de "notre sacem" ?

(j'ai exposé dans "Contrairement à Gérard Depardieu, dois-je quitter la France ?"
http://www.utopie.pro/quitterlafrance.html les raisons de mon départ malheureusement nécessaire pour l'Afrique, où je pourrai vivre de mes faibles revenus, il ne s'agit donc pas comme quelqu'un l'a suggéré, de faire porter à la sacem la responsabilité d'un échec économique ; il s'agit simplement de faire avancer des idées justes)

Stéphane Ternoise écrivain et néanmoins parfois auteur de chansons, peu chantées !
http://www.ecrivain.pro
http://www.romancier.org

6eme roman : "Un Amour béton"
http://www.romancier.org/roman2013.html »

Nul à part le Président de la sacem n'a osé répondre. Je crois que tous avaient conscience que leur réponse, dans ce cadre des élections, finirait pas être publiée. Et chacune, chacun, doit avoir de bonnes raisons de préférer ne pas aborder certains sujets. Sur ce point, même si peu de points de convergences semblent pouvoir être trouvés entre nous, les réponses de monsieur Laurent Petitgirard ont le grand mérite d'exister. Et mettent également en lumière ces silences complices ou gênés...

Monsieur Laurent Petitgirard était toujours Président du Conseil d'Administration en mai 2013. Il signa donc l'édito du Magsacem 87 (mai-août 2013). Après tout ce qui s'est passé à la sacem sous sa présidence, il aurait pu éviter : « *Depuis des mois, la musique fait les frais d'une rigueur budgétaire adossée à un manque de vision à long terme, dont les conséquences sont déjà tragiques pour les créateurs, leurs éditeurs, leurs interprètes et leurs producteurs.* » Non que ce gouvernement soit exemplaire mais quand on a autant manqué de clairvoyance et de sens des responsabilités, un peu de modestie serait préférable.

Naturellement, notre échange n'ayant rien changé à ses positions, ce magazine se termine encore par une ode à notre grande famille « *La Sacem, première société d'auteurs française et deuxième au monde par le nombre de ses membres.* » Le nombre de ses membres ! Oui, nous sommes toujours là pour faire nombre !

Le numéro suivant (88, octobre décembre 2013) était donc attendu !

Avec un édito de Jean-Claude Petit, compositeur, nouveau président du Conseil d'administration de la Sacem... cette élection semble s'inscrire dans la logique de la transmission des échanges du président en exercice en mai à son successeur !

Ils ont gagné ! « *La Cour de justice de l'Union européenne a confirmé, le 11 juillet, la possibilité de financer des actions culturelles par notre prélèvement de 25 % sur la copie privée.* »

Et sur son prédécesseur : « *Permettez-moi aussi de souhaiter une bonne année de « sommeil » à mon ami Laurent Petitgirard, à qui je succède. Son travail et son engagement dans la défense de nos droits et dans l'organisation de notre société sont un exemple que je m'efforcerai de suivre.* »

Ils n'est donc pas définitivement parti, il semble programmé pour revenir !

Dans un an tout le monde aura oublié qu'il fut le Président de l'époque Bernard Miyet ?

Et sous la houlette de Jean-Noël Tronc, directeur général de la Sacem, il semble agor de "reconquête de l'opinion" : « *le Panorama des industries culturelles et créatives, qui vient de paraître et dont la Sacem est à l'origine. Cette étude offre pour la première fois un chiffrage précis de ce que pèsent les industries culturelles en France : musique, arts graphiques, spectacle vivant, cinéma, presse, édition littéraire, télévision, radio et jeux vidéo, ces neuf secteurs représentent 1,2 million d'emplois et pèsent plus de 74 milliards d'euros, soit plus que l'industrie automobile.* »

La culture est une industrie ? Oui mais la culture doit redevenir un artisanat ! Ils défendent une conception culturelle où des pions de multinationales peuvent parfois toucher le jackpot, alors que nous sommes des créateurs au quotidien, donc indépendants. La sacem est bien une oligarchie, l'oligarchie de ceux qui ont accepté l'industrie culturelle alors que pour 95% des créateurs (comme aurait pu chanter Brassens) l'art est un choix de vie, pas celui de faire du fric mais de s'exprimer, de chercher, en restant debout, le plus possible.

La menace de démission de 140 000 membres me semble improbable. Même réellement informés de la situation (ce passage sera repris dans un livre au "titre choc"). L'intervention de l'état ? La nationalisation de la sacem ? Improbable sous ce Président.

V) Gérard Depardieu, le symbole qu'il ne faut surtout pas comprendre !

Comme un écrivain indépendant

Il aurait suffi qu'il réplique par une dénonciation d'un système, celui du détournement des subventions par l'industrie culturelle…

Chronologie de l'affaire Depardieu

Début décembre 2012, l'information du départ pour Néchin, petit village de Belgique, de Gérard Depardieu, suscite de nombreuses réactions : un départ fiscal ! Il met en vente son hôtel particulier parisien, la droite déplore les premiers résultats de la politique du président élu en mai, la gauche dénonce une attitude antipatriotique, même Jean-Marc Ayrault sort son gros tambour, le mercredi 12, sur France 2, « *Je trouve ça assez minable de se mettre juste de l'autre côté de la frontière. Tout ça pour ne pas payer d'impôts* » (sans craindre le ridicule ni d'être renvoyé à sa politique, il osait même déclamer dans la même prestation « *être français c'est aimer son pays et contribuer à ce que les inégalités reculent* »... dans l'album *"vivre autrement"* figure *"On laisse détruire l'indispensable"*, déposé en mars 2011 en notre vénérable sacem, avec *"Pour tout c'qu'on croit nécessaire / on laisse détruire l'indispensable / On sacrifie même la terre / Pour des plaisirs disons minables"* ; ne pensez-vous pas que votre cher aéroport nantais doive figurer dans cette liste ?), et le vendredi à Bruxelles, le président en personne, en appelait à un « *comportement éthique* », prônant même une renégociation des conventions fiscales avec la Belgique. [monsieur Hollande, ce « *comportement éthique* », exigez-le d'abord de votre ministre de la Culture, du président de la région Midi-Pyrénées... quand les politiques incapables de montrer l'exemple veulent faire la morale, ils tiennent uniquement pour de mauvaises raisons...]

Nul ne semble avoir analysé ce départ comme la marque de profondes blessures, les plus douloureuses n'étant sûrement pas financières.
S'estimant « *injurié* », l'acteur « *rend son passeport* » et balance une lettre ouverte au Premier ministre Jean-Marc Ayrault, publiée par le *Journal du dimanche* (JDD) le samedi 15 décembre.

« *Lettre ouverte à M. Ayrault Jean-Marc, Premier ministre de M. François Hollande*

Minable, vous avez dit "minable"? Comme c'est minable. Je suis né en 1948, j'ai commencé à travailler à l'âge de 14 ans comme imprimeur, comme manutentionnaire puis comme artiste dramatique. J'ai toujours payé mes taxes et impôts quel qu'en soit le taux sous tous les gouvernements en place.

À aucun moment, je n'ai failli à mes devoirs. Les films historiques auxquels j'ai participé témoignent de mon amour de la France et de son histoire.

Des personnages plus illustres que moi ont été expatriés ou ont quitté notre pays.

Je n'ai malheureusement plus rien à faire ici, mais je continuerai à aimer les Français et ce public avec lequel j'ai partagé tant d'émotions ! Je pars parce que vous considérez que le succès, la création, le talent, en fait, la différence, doivent être sanctionnés.

Je ne demande pas à être approuvé, je pourrais au moins être respecté.

Tous ceux qui ont quitté la France n'ont pas été injuriés comme je le suis.

Je n'ai pas à justifier les raisons de mon choix, qui sont nombreuses et intimes.

Je pars, après avoir payé, en 2012, 85% d'impôt sur mes revenus. Mais je conserve l'esprit de cette France qui était belle et qui, j'espère, le restera.

Je vous rends mon passeport et ma Sécurité sociale, dont je ne me suis jamais servi. Nous n'avons plus la même patrie, je suis un vrai Européen, un citoyen du monde, comme mon père me l'a toujours inculqué.

Je trouve minable l'acharnement de la justice contre mon fils Guillaume jugé par des juges qui l'ont condamné tout gosse à trois ans de prison ferme pour 2 grammes d'héroïne, quand tant d'autres échappaient à la prison pour des faits autrement plus graves.

Je ne jette pas la pierre à tous ceux qui ont du cholestérol, de l'hypertension, du diabète ou trop d'alcool ou ceux qui s'endorment sur leur scooter : je suis un des leurs, comme vos chers médias aiment tant à le répéter.

Je n'ai jamais tué personne, je ne pense pas avoir démérité, j'ai payé 145 millions d'euros d'impôts en quarante-cinq ans, je fais travailler 80 personnes dans des entreprises qui ont été créées pour eux et qui sont gérées par eux.

Je ne suis ni à plaindre ni à vanter, mais je refuse le mot "minable".

Qui êtes-vous pour me juger ainsi, je vous le demande monsieur Ayrault, Premier ministre de monsieur Hollande, je vous le demande, qui êtes-vous?
Malgré mes excès, mon appétit et mon amour de la vie, je suis un être libre, Monsieur, et je vais rester poli.

Gérard Depardieu »

Si l'on veut sourire de cette lettre, on peut retenir le « *je continuerai à aimer les Français et ce public avec lequel j'ai partagé tant d'émotions* » pour l'opposer à ses propos de mars 2012, quand, interrogé sur la *Radio Télévision Suisse* au sujet d'un autre français dans la tourmente, Dominique Strauss-Kahn, l'acteur qui doit l'incarner à l'écran dans un film d'Abel Ferrara, dépassa le cas du glorieux socialiste « *il n'est pas aimable* » pour généraliser « *un peu comme tous les Français, un peu arrogant* ».
Mais justement, et si cette indignation sur Gérard Depardieu s'était révélée providentielle pour occuper les journaux quand l'affaire américaine de DSK s'éteignait

par le versement d'un montant inconnu ? Un beau geste de gauche également, que d'offrir une rente à une femme pauvre ! (s'il vous en reste, monsieur DSK, octroyez-moi une bourse "en lieu et place du CRL Midi-Pyrénées"... c'est de l'humour, Aurélie et Martin...)

Le 17 décembre, le premier ministre essayait d'éteindre la polémique : « *Je n'ai pas traité de minable Monsieur Depardieu, j'ai dit que ça avait un côté minable effectivement* » d'établir sa résidence en Belgique pour payer moins d'impôts. « *J'ai dit aussi que Gérard Depardieu était un grand artiste, aimé par les français à ce titre. Dans cette même intervention, j'ai parlé de solidarité citoyenne et de patriotisme, payer ses impôts lorsque des efforts doivent être faits c'est l'affaire de tous les Français.* »

Dans le journal *Libération* du mardi 18, un acteur connu pour ses accointances socialistes, Philippe Torreton, publia alors une tribune où la démagogie, le mépris et le socialisme fervent servent d'argument contre l'exil prétendu fiscal de Gérard Depardieu. Un titre très significatif du niveau : « *Alors Gérard, t'as les boules ?* »

« *Tu ne veux plus être français? Tu quittes le navire France en pleine tempête ? Tu vends tes biens et tu pars avec ton magot dans un pays voisin aux cieux plus cléments pour les riches comme toi ? Gérard, tu penses qu'on allait approuver ? Tu t'attendais à quoi ? Une médaille ? Un César d'honneur remis par Bercy ? Tu pensais que des pétitions de soutien de Français au RSA allaient fleurir un peu partout sur la Toile ? Tu voudrais avoir l'exil fiscal peinard, qu'on te laisse avoir le beurre et l'argent du beurre et le cul de la crémière qui tient le cinéma français. Tu voudrais qu'on te laisse t'empiffrer tranquille avec ton pinard, tes poulets, tes conserves, tes cars-loges, tes cantines, tes restos, tes bars, etc.*

Evidemment, on cogne sur toi plus aisément que sur Bernard Arnault ou les héritiers Peugeot... C'est normal, tu es un comédien, et un comédien même riche comme toi pèse moins lourd ! Avec toi, on peut rattraper le silence gêné dont on a fait preuve pour les autres... C'est la nature de cette gauche un peu...

Le problème, Gérard, c'est que tes sorties de route vont toujours dans le même fossé : celui du 'je pense qu'à ma gueule', celui du fric, des copains dictateurs, du pet foireux et de la miction aérienne, celui des saillies ultralibérales (...) L'homme est devenu riche mais sa fortune lui a pété à la gueule. Tu sais, ces gros pets foireux dont tu te vantes et que tu lâches sur les tournages en répondant à tes 12 téléphones au lieu de bosser ? [Est-ce une référence à DSK et ses sept portables new-yorkais ?]

On va se démerder sans toi pour faire de ce pays un territoire où l'on peut encore, malgré la crise, (...) faire des films et monter des spectacles grâce à des subventions obtenues en prélevant l'impôt... Adieu. »

Mais le problème, monsieur Torreton, et vous vivez sûrement dans un espace trop pollué par les paillettes pour le savoir, c'est que ces subventions profitent toujours aux mêmes et pas forcément sur des critères culturels. Qu'apportez-vous à l'art pour mériter vos subventions, M. Torreton ?

Gérard Depardieu est même accusé pour ses fréquentations, les copains dictateurs. Fidel Castro fut pourtant le grand ami de Danièle Mitterrand... et de bien d'autres au Parti Socialiste...

Je ne résiste pas à vous noter une belle déclaration :
« *C'est avec une grande tristesse que j'apprends ce matin le décès de Danielle Mitterrand.*
Danielle Mitterrand était une femme libre qui a toujours su faire entendre la voix des sans voix.
Elle a modernisé le rôle de "première dame" en lui donnant un sens politique en tout indépendance.
Danielle Mitterrand a fait de sa vie une résistance permanente : contre le nazisme tout d'abord, puis contre toutes les atteintes aux droits de l'homme et enfin contre la tyrannie des marchés financiers.
Son dernier engagement pour l'eau, bien commun de l'humanité, est essentiel et constitue un enjeu majeur du 21ème siècle.
J'ai une pensée affectueuse ce matin pour sa famille et pour les militants de sa fondation « France-libertés » à laquelle elle avait su donner une devise si juste "l'homme libre est celui qui aide l'autre à le devenir".
Danielle Mitterrand restera pour nous tous une grande dame de gauche.»
Aurélie Filippetti, 22 novembre 2011.

Il ne faut jamais sourire des déclarations officielles après décès d'une personnalité forcément remarquable. On me signale en ce lundi 13 février 2013 la disparition de Daniel Maury (la fin de la « petite Maurytanie » donc) et je lis dans leur *Dépêche* en ligne les déclarations.
Gérard Miquel, président du conseil général, «

J'appréciais beaucoup Daniel qui a toujours été fidèle à ses engagements politiques. C'était un élu très efficace. » Dominique Orliac, celle qui s'est présenté "la fois suivante" sous la bannière PRG après sa défaite aux législatives : « *Daniel fut une figure du Radicalisme. Par son parcours de militant, puis d'élu, il a contribué à façonner notre formation politique et à porter ses valeurs. Ces valeurs du Radicalisme, de solidarité et de tolérance...*»

Donc, faut-il retenir un sourire attristé pour l'Aurélie du « *elle a modernisé le rôle de "première dame"* » alors que son mari vivait avec la mère de Mazarine ? Elle est plutôt un cas flagrant d'une femme restée pour l'apparence. Certes, le sujet était peut-être délicat à aborder : Ségolène Royal et François Hollande n'ont annoncé leur séparation qu'après l'échec de la candidate aux présidentielles 2007, on peut donc imaginer que François Hollande aurait pu calquer sa vie sur celle de Danielle Mitterrand... Et quand on se souvient (mais qui s'en souvient ?) que Ségolène fin avril 2007 déclarait au Monde que monsieur Dominique « *un homme talentueux et imaginatif, il pourrait être un très bon Premier ministre* », Aurélie et François peuvent en avoir des sueurs froides rien qu'à ces souvenirs !

Les acteurs français sont trop payés ? Et les éditeurs ?

Dans l'univers du cinéma, tout le monde, heureusement, ne semble pas apprécier le bonheur des subventions qui ont donné le pouvoir aux subventionneurs d'orienter la production vers leurs intérêts. Mais les analyses sont rares. L'art encadré est un art figé, sclérosé, sans nouveauté possible... sauf en marge...

La tribune « *les acteurs français sont trop payés !* », publiée dans *Le Monde* du 28 décembre 2012, fait donc exception. Par Vincent Maraval, « *distributeur et producteur, fondateur de la société de distribution de films Wild Bunch.* » J'ignore tout de lui au-delà de cet article.

Il débute par « *L'année du cinéma français est un désastre. Pendant que Gérard Depardieu fait l'actualité et que les ministres rivalisent d'esprit pour en faire le scandale du moment et dénoncer son exil fiscal à 2 kilomètres de la frontière d'un pays dont il ne se sent "plus faire partie", personne ne parle du cinéma français. Or tous les films français de 2012 dits importants se sont "plantés", perdant des millions d'euros : Les Seigneurs, Astérix, Pamela Rose, Le Marsupilami, Stars 80, Bowling, Populaire, La vérité si je mens 3, etc.*

(...)

Constat unanime : les films sont trop chers. (...) »

De la même manière, les livres en papier semblent trop chers... quand on lit par exemple la confidence d'Olivier Bétourné des éditions *Fayard* du Groupe *Hachette* chapeauté par *Lagardère* : « *si nous ne vendons que mille exemplaires d'un roman, nous perdons cinq mille euros* » (*Nouvel Observateur*, numéro du 21 août 2003).

Les aveux de ce genre sont si rares qu'il faut les encadrer ! Je suis pourtant le seul à l'avoir reproduit sur Internet. Pour faciliter les calculs, un roman vendu à 20 euros HT, malgré 20 000 euros de recettes, perd 5 000 euros donc en coûtait 25 000 dans l'organisation d'un éditeur comme Fayard. 3000 euros de frais d'impression (grand maximum !), 2000 euros de droits d'auteur (toujours la simplification, ici avec des droits d'auteur même à 10% sur les mille premiers), où filent les 20 000 autres euros ? Où se situe le seuil de rentabilité ?

Quand une organisation montre de telles exigences pour atteindre un seuil de rentabilité obtenu avec 150 ventes par un auteur-éditeur (dont les coûts d'impression sont sûrement plus élevés que ceux obtenus par un gros client), elle devrait s'interroger ! Je pense d'ailleurs qu'elle a mené une efficace politique de réduction des charges car l'actionnaire des maisons du groupe Hachette semble satisfait !

Retour à Vincent Maraval : « *Mais alors, pourquoi s'émouvoir ainsi sur le cas Depardieu ? Pourquoi ce déchaînement médiatique et politique ? Sans doute parce qu'il y a là un vrai scandale d'ordre plus général. On le sait, l'époque aime les cas particuliers. Mais le scandale qui nous intéresse les dépasse largement. Il est d'ordre systémique. On peut s'étonner de voir nos ministres s'en laver les mains.*
(...)
Malgré ses récents échecs, grâce au miracle du système de financement du cinéma français, Dany Boon s'apprête aujourd'hui à attaquer son nouveau film, Hypercondriaque, *pour lequel on parle d'une somme proche de 10 millions d'euros. (...) Mais ils sont*

nombreux, qui se disent à gauche, dénoncent les injustices, mais au fond n'en voient qu'une seule : leur niveau d'imposition.

(...) le seul scandale, le voilà : les acteurs français sont riches de l'argent public et du système qui protège l'exception culturelle. A part une vingtaine d'acteurs aux États-Unis et un ou deux en Chine, le salaire de nos stars, et encore plus le salaire de nos moins stars, constitue la vraie exception culturelle aujourd'hui. »

Suivent des noms d'acteurs français qui obtiennent pour un film français de 500 000 à 2 millions d'euros et tournent dans une production américaine pour 50 000 à 200 000 euros. Le marché français rapporte plus que le marché mondial !

« L'explication, jamais le Centre national du cinéma et de l'image animée (CNC) ni la ministre ne l'ont fournie : la subvention directe dont jouit le cinéma français (chaînes publiques, avances sur recettes, aides régionales), mais surtout la subvention indirecte (l'obligation d'investissement des chaînes privées). Voilà pourquoi tous les échecs de 2012 mentionnés ci-dessus n'ont guère ému la profession, et que ceux-ci n'ont pas suscité d'articles de fond.

(...)

La responsabilité de cette situation n'est pas à chercher, hélas ! dans une supposée incompétence de nos producteurs, mais dans ce que les Américains appellent le "above the line" ("la surévaluation"), les cachets qui font de nos talents, inconnus au-delà de nos frontières, les mieux payés du monde. »

Ne pourrions-nous pas également appliquer ce

raisonnement à la chanson où quelques stars obtiennent des cachets faramineux, grâce aux subventions. Quand les entrées ne suffisent pas à payer la star, faut-il "l'offrir" au public ? Combien y aurait-il de festivals sans les subventions ? Quel est le rôle de ces subventions ? Aider la création, des artistes à percer, ou enrichir des millionnaires ? Est-il cohérent que nos millionnaires de la chanson bénéficient plus ou moins directement d'argent public ? Est-il normal que les "rencontres d'Astaffort" fondées par Cabrel Francis et Seff Richard bénéficient de subventions alors que ces personnalités doivent posséder les moyens de faire tourner leur petite entreprise (cadre associatif, naturellement) ? Perversion d'un système désormais incontrôlé... La subvention s'est voulue une vraie aide à la culture, elle fut récupérée par les installés... À quand un véritable audit, un sobre et vrai débat ?

Retour à Vincent Maraval :
« (...) le cinéma enregistre des contre-performances à la télévision. Sans les obligations légales issues de notre système public de financement, il y a bien longtemps que "Les Experts" et la "Star Ac" auraient réduit à néant les cases "Cinéma" des chaînes de télévision.

(...)

Le fameux système d'aide du cinéma français ne profite qu'à une minorité de parvenus. Mais jamais cela ne provoquera un scandale aussi retentissant que l'exil fiscal de Gérard Depardieu. Les miettes que laisse ce système réduisent en effet au silence ceux dont le rôle serait de pousser l'analyse.
(...) redonnons ainsi à notre système unique et envié sa vertu en éliminant ses vices. »

230

Actuellement en ligne page :
http://www.lemonde.fr/a-la-une/article/2012/12/28/les-acteurs-francais-sont-trop-payes_1811151_3208.html

Le fameux système d'aide à l'édition française ne profite également qu'à une minorité de parvenus ? Et la possibilité d'obtenir des miettes réduit également au silence ceux dont le rôle serait de dénoncer ce système. Dans plusieurs textes j'ai abordé ces miettes, comme dans la chanson « *Les lois du marché de la création* », avec « *On a besoin des miettes qu'ils nous jettent* », interprétée par Dragan dans l'album « *vivre autrement* » (sortie programmée le 15 mars 2013 www.chansons.org)

Les lois du marché de la création

Hé monsieur Utopie faut bien bouffer
On a besoin des miettes qu'ils nous jettent
On voudrait bien créer en toute liberté
Mais les marchands tiennent le marché

Quand tu crées
Tu crées pas pour eux
Et pourtant tu sais
Qu'entre toi et le public
Y'aura les nuisances du fric
Et leur puissance de feu

Si t'es pour eux une très bonne vache à lait
Les marchands te f'ront tête de gondole
Les spéculateurs pourront même t'engraisser
T'auras le label idole

Quand tu crées
Tu crées pas pour eux

Et pourtant tu sais
Qu'entre toi et le public
Y'aura les nuisances du fric
Et leur puissance de feu

Des créateurs et des subventionneurs
Des créateurs et des installés
Des créateurs et des tonnes de profiteurs
Des créateurs parfois rêveurs

Quand tu crées
Tu crées pas pour eux
Et pourtant tu sais
Qu'entre toi et le public
Y'aura les nuisances du fric
Et leur puissance de feu

Vincent Maraval balance ce que "naturellement" la profession connaît. Certains ne manqueront sûrement pas de le lui faire payer ! Mais aucun écrivain ne publiera le pendant de cette vérité : les installés ne prendront pas le risque de se fâcher avec la main millionnaire qui les nourrit et les autres n'ont pas accès aux grands médias, liés aux éditeurs par des relations capitalistiques, de contrats ou d'amitiés.

Notre fameuse exception culturelle, récupérée par les oligarchies, lance désormais ses produits industriels dans le seul but de maintenir ses privilèges, avec une presse forcément admirative, sinon elle sera accusée de vouloir tuer le cinéma, l'édition, la chanson de notre pays et on lui coupera la publicité avec laquelle elle vit. Est-ce qu'un média peut critiquer la culture franco-française ?

Un journaliste peut-il ignorer le premier album de la fille, ou du fils, d'un "grand chanteur" ?

Jean-Pierre Mocky

Le lendemain matin, samedi 29 décembre 2012, je suis sur la route durant « *on aura tout vu* », une émission spéciale sur Jean-Pierre Mocky. J'écoute *France-Inter* quand je parviens à la capter en voiture. L'émission de Christine Masson et Laurent Delmas ne m'intéresse pas particulièrement. Jean-Pierre Mocky, comme le cinéma, ne figure pas dans mon emploi du temps. Pourtant, en quelques mots, le vieil homme, 79 ans, me donne envie de podcaster l'heure d'antenne « *nous n'avons pas d'argent pour nous exprimer mais nous nous exprimons quand même.* » Ce nous inclut Jean-Luc Godard dont me revient alors une exclamation où il se demandait comment il était parvenu à réaliser plus de cent films avec seulement quatre succès... Mocky précise qu'avec le budget d'un Roman Polanski, ils peuvent tourner 25 films.

L'heure n'apporte pas grand-chose, avec ses bavardages de chroniqueurs sur la mise en scène... Dommage de ne pas laisser la parole à celui qui peut balancer sans langue de bois...

L'épiphénomène du Conseil constitutionnel

Le même jour j'apprenais la censure de la "symbolique" taxation à 75% par le Conseil constitutionnel. Je pensais alors à Martin Malvy, persuadé que si sa décision d'exclure les écrivains indépendants passait devant une telle juridiction elle serait sûrement retoquée pour discrimination. Mais qui contrôle les règlements dans les structures des petites baronnies que constituent les régions, départements, communautés de communes ?...

Bien qu'apparaissant largement minoritaire selon les déclarations et autres sondages, une petite digression : la décentralisation, je suis contre ! Je souhaite une France où la loi est la même pour toutes et tous, quelle que soit la couleur de peau et la limite de sa région. Ceux qui ont voulu les régions au nom des flagrantes preuves d'essoufflements et de détournements du principe d'égalité via les clans, ont permis la réalisation d'une vingtaine de baronnies où les clans prospèrent. Certes, la classe politique y a ainsi gagné de belles fonctions ! Mais si l'on ne peut peut-être pas historiquement prétendre que la magouille et les bons plans gangrènent encore plus le pays, le simple principe d'égalité s'en trouve légalement bafoué.

Mais faute d'enquêtes poussées, la décentralisation bénéficie encore d'une large sympathie. Là comme ailleurs, la question de l'information se pose, cruellement. Quelle valeur accorder à une information quand elle émane d'un quotidien dont le patron est également président du Conseil Général et allié des autres petits barrons régionaux ? Comment encore croire à une presse régionale de contre-pouvoir, censée éclairer les citoyens ?

Ces découpages multiples permettent également de noyer

les responsabilités et offrent de bonnes excuses à l'inaction : c'est pas moi, c'est les autres, entre région, département, état, communauté de commune, commune, Europe. Parfois, ils sont tous de la même bannière, se déchirent sûrement en privé mais présentent une mine réjouie sur les photos.

Naturellement, le gouvernement reverra sa copie et réussira sûrement à taxer à 75% les plus hauts revenus (mais rien sur les capitaux !), ceux supérieurs à un million d'euros. Cette mesure dite emblématique, une symbolique promesse de campagne de François Hollande, pompeusement appelée « *contribution exceptionnelle de solidarité* » (comme si cet argent sera utilisé à bon escient !) doit naturellement déranger celles et ceux qui ne pourront y échapper mais n'est qu'un nuage de fumée devant l'essentiel : François Hollande, professionnel de la politique, s'inscrit dans les pas de ses prédécesseurs et mènera des réformes qui ne remettront nullement en cause le pouvoir des installés. Bernard Arnault, dont les affaires devinrent florissantes sous François Mitterrand, n'a rien à redouter de François II, même s'il joue au « *attention ou je deviens belge.* » Bien au-delà du cas Bernard Tapie, la gauche est décomplexée avec l'argent, Jérôme Cahuzac arbore ainsi sa réussite financière. Naturellement, on peut être de gauche et riche mais la richesse éloigne peut-être des réalités, non ? Pas étonnant que ces gens-là ne s'intéressent pas à la réalité de la vie d'un écrivain. Un écrivain ? Jean d'Ormesson, Frédéric Beigbeder ?
La décision du Conseil constitutionnel ne peut même pas être vilipendée comme celle de sages « de droite », tellement elle semble logique, la taxation décrétée reposant sur les revenus de chaque personne physique alors que l'impôt sur le revenu est prélevé par foyer.

Verdict : « *méconnaissance de l'égalité devant les charges publiques* ». En explication compréhensible par des ministres de base : un ménage où chaque membre perçoit un revenu de 980 000 euros ne devait rien payer alors que celui dont un des membres gagne 1,1 million d'euros et l'autre rien, passait à la caisse. Où avaient-ils la tête ?

Epiphénomène très symbolique : le texte mal ficelé sera naturellement réécrit. Avec l'aide de juristes grassement rémunérés ? Et ainsi 1500 personnes devenues foyers, verseront en moyenne 140 000 euros. Une taxation des fortunes démesurées ne pourrait-elle pas rapporter plus ? Mais naturellement, quand, par exemple, il s'agit de taxer les œuvres d'art, le monde culturel se dresse... comme si ce n'étaient pas les marchands et spéculateurs qui s'engraissent sur l'art (avec quelques miettes pour les créateurs via des achats ou le mécénat). Mais, gauche ou droite, une règle semble inscrite dans les neurones formés aux mêmes écoles : pour que le créateur puisse survivre, il doit accepter le système et sourire aux fortunés qui se goinfrent, ne pas mordre la main qui nourrit ! Un artiste, ça s'éduque comme un âne.

Parmi les premières réactions, au-delà du duo Copé-Fillon dans sa reconquête de crédibilité, la Ligue de football professionnel (LFP) se gargarisait de cette « *belle et indispensable victoire collective* » !
Son président, Frédéric Thiriez, à l'AFP : « *Depuis le début, nous tirons la sonnette d'alarme sur les dangers d'une telle taxation. Dangers pour le football français avec des conséquences désastreuses pour les clubs sans que les finances publiques s'y retrouvent, au contraire, avec l'exode des meilleurs joueurs... Le droit a prévalu. Face à une grave menace pour son avenir, le football*

professionnel français, solidaire, a remporté une belle et indispensable victoire collective. »

Encore un, qui, dans sa rapidité à tirer la couverture sur son pouvoir de lobbyiste, n'a rien compris à la décision du Conseil Constitutionnel, simple refus d'un texte ne respectant pas l'orthodoxie fiscale. Si le gouvernement ajoutait la dérobade devant des footballeurs à l'amateurisme de sa première mouture, Jean-Luc Mélanchon engrangerait quelques points pour 2017 ; il convient de ne jamais oublier que cette mesure "symbolique" fut lancée pour contrer la percée de l'extrême-gauche. De la même manière, si l'auto-édition représentait une force politique, les parlementaires cesseraient de la mépriser. Aurais-je dû être candidat aux législatives ? Même la lucidité m'amène à constater que vivant dans un département où *La Dépêche du Midi* porte la bonne parole de certain(e)s, ma voix n'avait aucune chance d'être entendue. Ce n'était qu'une idée de désespoir : mon unique arme, c'est l'écriture. Puis-je ou non continuer d'écrire ? (http://www.candidat.info redevenu disponible le 7 mars 2013, je me suis empressé de l'acquérir. Il présentera ma candidature sacem et ensuite « *Je ne m'interdis rien* » selon la formule consacrée par les politiques !)

Pour contrer les exils, le ministre délégué au Budget, connu également comme maire de Villeneuve-sur-Lot où les écrivains indépendants ne méritent pas de participer au salon du livre, Jérôme Cahuzac, a suggéré de taxer en France les expatriés français qui bénéficient d'une imposition plus clémente.

Mais monsieur fier d'être un socialiste riche, je ne suis plus imposable depuis 1996 ! Oui, contrairement à la route classique du vieillir pour gagner plus et payer plus d'impôts, j'ai connu ma première imposition en 1989 et ma dernière en 1995, grâce aux allocations chômage, après un accord transactionnel pour sortir du salariat fin 1993 !

- Ah, vous êtes sorti volontairement du salariat, alors débrouillez-vous !

Naturellement, j'approuve cette volonté de trouver une solution pour récupérer un peu de monnaie des riches français exilés, surtout quand ils continuent à tirer leurs bénéfices de la France, après avoir profité de son système scolaire et de leurs relations. Mais j'ai la désagréable impression qu'aucune loi ne sanctifiera cette bonne intention. Du vent. Comme si souvent. Et nous devons nous contenter du vent de gauche sous peine d'être accusé de souhaiter le verglas de droite !

Quant à nous, entre gens de gauche, nous devrions nous sacrifier, partir en silence ? Mais monsieur Cahuzac, je ne vous considère pas, historiquement, comme un homme de gauche, pas plus que messieurs Malvy ou Baylet. Vous êtes de l'oligarchie. C'était donc avant les grands aveux...

Oh Toulouse... Torreton !

À Toulouse, y'a Magyd (Zedda) pour soutenir Torreton. À côté de Toulouse, y'a Astaffort, village connu pour son chanteur à moustaches, Francis Cabrel.

« *Libé* » s'est naturellement empressé de publier, le 19 décembre 2012, la réaction de Magyd Cherfi (membre du groupe Zebda) à la tribune de Philippe Torreton. Vous remarquerez l'anaphore, la répétition du « j'attendais », qui va sûrement devenir un exercice de style pour tout flagorneur souhaitant attirer les subventions, pardon l'attention, de monsieur « moi président... »

« *Mon cher Philippe*

Un mot brûle ma bouche. Merci ! Merci ! Trois fois merci ou plutôt un million de fois merci...
J'attendais le bâillon pour faire taire les insanités du natif de Chateauroux.
J'attendais l'encre d'un fleuve fiévreux pour laver l'affront fait aux pauvres de partout.
J'attendais la paire de couilles posées sur la table du Gargantua de France.
J'attendais désespérément la voix d'un humaniste quelconque pour dire sans détours à notre Gégé–Germinal toute l'horreur qu'inspire son égoïsme sans nom. Merci !
J'attendais pour dire ce mot à quelqu'un qui aurait le courage d'affronter le pachyderme des toiles blanches.
J'attendais une voix, un écrit qui rendrait justice aux pauvres, aux RMistes, aux ouvriers, aux chômeurs, à tous les sans-papiers, les sans-grades, tous les immigrés, tous ceux qui ne sont rien dans le regard des autres, les parias de tous les horizons.

Oui, avec ta lettre tu rends justice à des millions de gens qui ne te connaissent pas, qui ne t'ont jamais vu sur un écran et qui ne liront jamais le moindre journal.
Merci pour tous ceux qui ne te diront pas merci...
Quant à moi j'écris ton prénom, Philippe.
Magyd »

Les coupures furent impossibles : on aurait pu croire que je supprimais les passages intéressants !
Sûrement inutile d'attendre de Cherfi Magyd qu'il conteste la politique du Centre régional des Lettres ! Il ne doit pas encore savoir que le Rmi fut remplacé par le Rsa ! Combien de subventions pour Cherfi Magyd ? Ne vous limitez pas aux subventions directes, pensez à ces cachets accordés par les festivals « parfois » sans relation avec la billetterie, simplement grâce aux "aides", état, régions, villes, départements, sacem... (hé oui, comme le cinéma, la chanson vit de subventions et même – surtout ? - ses fortunés passent aux guichets)

Puisqu'on parle de Sacem et de subventions : Francis Cabrel, l'astaffortuné.
Dans *Le Parisien*, fin octobre 2012, en promo d'un énième album, des reprises de Bob Dylan, il a semblé se placer sur la ligne de Jean-Michel Baylet, le grand homme de la région : « *je pense que la dépénalisation* [du cannabis] *permettrait de court-circuiter les mafias parallèles. Et que le cannabis ne me paraît pas beaucoup plus nocif que le pastis. Mais je n'ai jamais fumé...* » Ayant participé aux Rencontres d'Astaffort de 1998, je confirme ne pas avoir vu Francis Cabrel fumer mais l'odeur insupportable de la cigarette et celle d'une odeur (elle me rappelait *Les Granges* de Flines-lez-Râches) qui ne me semblait pas

provenir de substances commercialisées légalement me scandalisèrent par leur autorisation dans des locaux de travail.

Dans *Le Parisien*, il s'agissait de questions de lecteurs...

Lydia Darini : - *Si François Hollande vous appelait au gouvernement, y iriez-vous ?*
Réponse : - *Ah non ! (Rires.) Parce que j'ai horreur de ces postes de responsabilité où il y a de l'orgueil, de la vanité, du pouvoir.*

[Il aurait pu répondre ne pas posséder la compétence... il est vrai qu'en France, la compétence n'est pas toujours nécessaire. Mais non, je n'ai nommé personne ! Ailleurs non plus ? Il faut sûrement préciser que dans l'univers musical : aucun orgueil, ni vanité ni pouvoir ! Pas même au Conseil d'Administration de la sacem ?]

Noushin Grebert : - *Justement, que pensez-vous de l'action de François Hollande et des critiques dont il fait l'objet ?*
Réponse : - *Ah bon, il y a des critiques ?... (Rires.) Je les trouve très rapides. Ce gouvernement arrive tout juste, il y a des calages nécessaires. C'est tellement une autre philosophie que la précédente.*

[calages, décalages, élagage, naufrages]

[Quand j'entends monsieur Cabrel Francis utiliser le terme philosophie, l'envie de sourire me prend. J'avais également constaté cette réaction en lisant la lettre de son avocat, à cet homme qui semble satisfait du gouvernement... Prendre ma place dans le trafic!]

Séverine Lecerf : - *Que pensez-vous de la taxation des gros salaires à 75% ? Etes-vous concerné ?*
Réponse : - *Je me plie aux décisions majoritaires. La majorité des Français a décidé d'installer ce gouvernement. Je respecterai donc ses décisions. Je ne sais pas si je suis concerné par les 75%, mais si je le suis, cela ne me gêne pas, je vis suffisamment bien. Et je ne quitterai jamais Astaffort, ni la France, pour des raisons fiscales.*

[Tandis qu'à la sacem, c'est la majorité qui se plie à la décision d'une minorité, comme dans toute oligarchie]

Aucune réaction découverte sur François Hollande ou Gérard Depardieu de Richard Seff. Nul doute que s'il avait été élu président du conseil d'Administration de la Sacem, sa voix nous aurait offert un point de vue passionnant.

Peut-on critiquer Richard Seff quand on est membre de la sacem (je demande une aide à l'autoproduction pour "*vivre autrement*" ?)
Peut-on critiquer Philippe Torreton quand on écrit du théâtre ?

Philippe Torreton est un acteur français né à Rouen le 13 octobre 1965.
Il est entré en 1990 à la Comédie-Française, comme pensionnaire. Il en est devenu le 489e sociétaire en 1994. Il connaît donc bien l'argent public ! Même s'il a quitté la Comédie-Française en 1999 (il doit pouvoir y retourner en cas de nécessité), année où il fut nommé chevalier de l'Ordre des Arts et des Lettres.
C'est lors de l'élection présidentielle de 2007 qu'il accéda

à une véritable notoriété (pour ceux comme moi qui ont ignoré, avant de lire sa fiche, qu'il fut le compagnon de Claire Chazal de 2003 à 2007), en soutenant de manière voyante Ségolène Royal, poursuivant son épopée auprès de Bertrand Delanoë aux municipales de 2008. Élu conseiller dans le 9e arrondissement... il se fera surtout remarquer par son absentéisme au Conseil de Paris, et démissionnera finalement en novembre 2010.

Le 20 juin 2008, Bertrand Delanoë, à la mairie du 9e arrondissement de Paris, le maria avec Elsa Boublil, journaliste chroniqueuse à *France-Inter*.

Peut-on critiquer Philippe Torreton quand il est si important d'être diffusé, présenté, interrogé sur *France-Inter* ? Dans un pays où les relations priment sur la qualité, chacun se tient par la barbiche et les rancunes sont tenaces. Si vous souhaitez réussir, critiquez Poutine ou Berlusconi.

La création, le talent, la différence, contre l'oligarchie

Je ne serai jamais de vos oligarchies. En écrivant cette certitude, Claude Lévi-Strauss me traverse l'esprit « *je m'apprête à quitter un monde que je n'aime pas.* » Même s'il fut reconnu, comme l'est Gérard Depardieu, l'un comme l'autre ont su refuser les règles des oligarchies. Mais les oligarchies vous le font payer. Certes, il arrive un moment, celui vécu par l'ethnologue, où si vous vous inscrivez dans l'Histoire, vous devenez inattaquable. Il est très rare de le vivre de son vivant ! Gérard Depardieu a-t-il cru sortir forcément gagnant d'un duel au politique ? Si ce fut le cas, il a sous-estimé le besoin de revanche de l'intelligentsia de gauche après les mandats de Jacques Chirac et surtout celui de Nicolas Sarkozy. Besoin de revanche qui alla jusqu'à l'élection d'un François Hollande quand tant d'hommes plus qualifiés ont raté l'Élysée.

Je pourrais presque balancer comme Gérard Depardieu, simplement en substituant mes échecs à ses succès : « *Je pars parce que vous considérez que le succès, la création, le talent, en fait, la différence, doivent être sanctionnés.* » Naturellement, il s'agirait également d'une tournure "légèrement" risible. Mais que "la différence doive être sanctionnée", en trois décennies de réelle observation de ce pays, j'en suis persuadé.

« *Je te donne toutes mes différences*
Tous ces défauts qui sont autant de chances
On sera jamais des "standards",
Des gens bien comme il faut
Je te donne ce que j'ai, ce que je vaux » chantait Jean-Jacques Goldman qui ne semble jamais s'être opposé à la politique oligarchique de la sacem.

Pierre Desproges

Pierre Desproges fut plutôt « anar de droite » ?
Le rapprochement Gérard Depardieu - Pierre Desproges nécessiterait une analyse très approfondie. Il s'agit ici, simplement, d'apporter quelques précisions sur un auteur survolant cet opuscule de son sourire lugubre tel un amazonien (www.amazoniens.com) devant une librairie où s'essouffle un vieil utopiste barbu et chevelu en essayant d'écarter du passage les douze cartons d'œuvres littéraires envoyés par l'office…

Pierre Desproges, publié de son vivant et de son cancer gagnant, au *Seuil*, maison rachetée en 2004 par Hervé de La Martinière, classé 472ème fortune de France par capital.fr.
En note de l'éditeur du pavé « *Tout Desproges* » de 2008, je lis « *C'est aussi un hommage des Editions du Seuil à un auteur qui, de son vivant puis à travers ses ayants droit, nous a toujours fait confiance et à qui nous devons beaucoup.* »
Pierre Desproges, dans « *vivons heureux en attendant la mort* » : « *Rarement, au cours de l'histoire du monde, une profession n'aura été autant controversée que celle d'éditeur. Aujourd'hui encore, on accuse les éditeurs d'exploiter les auteurs. Dieu merci, ce n'est pas l'avis de tous.*
À la question : "les éditeurs sont-ils un mal nécessaire ?" 100% des maquereaux de Pigalle interrogés répondent : "Oui, bien sûr. Si y a personne pour les pousser au cul, les livres y restent dans la rue au lieu de monter dans les étages." »

De Pierre Desproges, il m'arrive régulièrement de reprendre « *je me heurte parfois à une telle incompréhension de la part de mes contemporains qu'un épouvantable doute m'étreint : suis-je bien de cette planète ? Et si oui, cela ne prouve-t-il pas qu'eux sont d'ailleurs ?* » (*non compris*, 12 juin 1986)

Naturellement, les « *artistes engagés qui osent critiquer Pinochet à moins de 10 000 kilomètres de Santiago* », ne peuvent risquer de se fâcher avec le monde de l'édition.

Pierre Desproges, au sujet de ses propres compromissions, s'il s'en reconnaissait, notait « *me compromettre vraiment, non, mais j'ai participé à certaines émissions auxquelles je suis fier de ne plus participer maintenant. Certaines émissions avec des gens avec qui je ne me sentais pas à l'aise... J'ai fait des émissions de télé que je n'aurais pas dû faire... Mais enfin je ne serais pas allé à une émission que fait Poivre d'Arvor actuellement, et je pourrais vous citer plein d'autres noms. J'aime mieux mourir dans d'atroces douleurs que d'aller poser mon cul à côté de ces gens-là.* »

Dans mes "*ces gens-là*" (...*il faut vous dire monsieur, que chez ces gens-là...*), je suppose que vous avez deviné qu'y figurent nos grands éditeurs grandes fortunes. Je n'ai pas pu dépasser les *rencontres d'Astaffort* de Francis Cabrel et Richard Seff, et le chantier des *francofolies* de La Rochelle. Ce furent mes petites compromissions, qui me permirent d'écrire le roman « *La faute à Souchon ?* »

Encore une citation de Pierre Desproges, qu'on peut certes relativiser car il la prononçait dans l'aisance financière : « *Je préfère être dans la misère que de m'abaisser à des choses qui ne me plaisent pas.* »

Jusqu'à quelle compromission faut-il descendre dans l'édition ? Publier simplement pour l'honneur ? Dans « *Ce que gagnent les écrivains* », un dossier du mensuel *Lire* d'avril 2010 : « *"À côté de ces contrats en or* [ceux de stars]*, Gallimard propose parfois un taux fixe de 7 % de droits pour des premiers romans", soupire un avocat. "Vous savez, certains auteurs seraient prêts à publier gratuitement pour être édités dans la Collection Blanche", objecte-t-on rue Sébastien-Bottin.* »

(le 5 rue Sébastien-Bottin est depuis devenu le 5, rue Gaston-Gallimard. Mais le 9, rue Sébastien-Bottin a réussi à garder vivace la trace de l'auteur de « *Sur la Distillation des pommes de terre dans les ci-devant départements de la rive gauche du Rhin, et des avantages qu'elle procure pour la culture des terres et pour la nourriture des bestiaux* » de 1811 et autre ouvrages aux titres aussi complets ; Monsieur Delanoë fut donc un adorable maire de Paris !)

Scène du Quercy selon la bergère

248

VI) Trouver la solution…

Comme un écrivain indépendant

La guerre continue, écrivait Jack-Alain Léger

En 1997 Jack-Alain Léger publiait *Ma vie (titre provisoire)*, une présentation de sa confrontation à l'univers de l'édition, se ponctuant par « *Hé bien ! La guerre continue, la guerre pour trouver ce minimum de paix nécessaire, un éditeur, un contrat, de quoi tenir encore quelques mois. J'en suis là.* » Signer un contrat, empocher un à-valoir, si modeste soit-il, écrire sur commande tout et n'importe quoi. Face aux auteurs en grandes difficultés quotidiennes, les éditeurs apparaissent comme des mastodontes financiers. Dix pages plus tôt, l'auteur notait « *où se situe la ligne de partage entre le compromis acceptable et l'inadmissible compromission ?* »
Ma guerre peut sembler très éloignée de la sienne mais

c'est bien deux portes du même conflit : nous souhaitons vivre de nos écrits, décemment, avec le moins possible de compromissions.

J'aime *Ma vie (titre provisoire)*, publié par *Salvy* (non, pas Malvy). J'avais d'abord cru qu'il s'agissait d'auto-édition mais "Salvy éditeur" fut créé par un certain Gérard-Julien Salvy. Un petit éditeur, peu visible.

Jack-Alain Léger fit une entrée fracassante dans le monde des lettres en 1976, avec *"Monsignore"*, chez Robert Laffont : trois cent mille exemplaires, adaptation au cinéma, traduction en vingt-trois langues. Ses livres suivants ne parvinrent pas à renouveler le succès. "*Ma vie (titre provisoire)*" est donc le résumé de cette chute dans la considération du milieu littéraire. Néanmoins, au même moment, il réussissait une nouvelle percée, sous le pseudonyme de Paul Smaïl, un nouveau best-seller "*Vivre me tue*". Ce « *témoignage d'un jeune beur* » publié chez Balland était donc fictif, ce qui choqua certains, quand l'identité de l'auteur fut connue, en l'an 2000. Sûrement les critiques qui ne l'aimaient pas et se sont retrouvés à promouvoir ce texte ! Vive les pseudonymes ! Comme si la littérature, ce n'était pas un jeu de rôles !

« *J'ai su alors ce que peut nourrir de haine à l'endroit d'un écrivain uniquement écrivain la pègre des gens de lettres dont Balzac a si exactement dépeint les mœurs dans* Illusions perdues, *mœurs qui n'ont pas changé, si ce n'est en pire : vénalité, futilité, servilité.*

J'avais perdu mes dernières illusions sur ce milieu dont les pratiques ressemblent tant à celles du Milieu : parasitages de la production, chantages à la protection, intimidations, etc. Publication de livres que l'éditeur juge médiocres ou invendables mais qu'il surpaie à des auteurs disposant d'un pouvoir quelconque dans les médias... (...)

Fabrication par des nègres et des plagiaires d'une fausse littérature qui, comme la mauvaise monnaie, chasse la bonne... Calomnies et passages à tabac pour les rares francs-tireurs. « Nous avons les moyens de vous faire taire définitivement ! » me dit, sans rire, un critique, par ailleurs employé d'une maison d'édition et juré de plusieurs prix littéraires auquel j'ai eu le malheur de déplaire. Je n'étais d'aucune coterie, détestant ces douteuses solidarités fondées sur des affinités sexuelles, politiques ou alcooliques, voir une simple promiscuité au marbre d'un journal ou à la table ovale d'un comité de lecture ; j'étais puni. On me faisait payer cher de n'avoir jamais eu de "parrain". »

En 1997, je publiais « *Assedic Blues, bureaucrate ou quelques centaines de francs par mois* », un objet littéraire déjà "choix social" et il tentait de tenir en reprenant la technique de Romain Gary : quand les médias ont décidé que tu ne devais plus exister, change de masque. Mais il faut un minimum de relations, donc peut-être de compromissions, pour ce genre de rôles. En 2013, j'ai puisé dans les dernières économies, tout en vivant de très très peu pour tenir et il s'est suicidé.

J'aime le Lot, je m'en nourris... mais puis-je encore y vivre ?

J'ai choisi de vivre dans le Lot. J'aurais pu trouver pour encore moins cher une maison également habitable dans un « coin paumé » du Pas-de-Calais. J'en ai d'ailleurs visité une. Mais quand j'ai vu cet endroit, ces pierres blanches du Quercy, j'ai su que c'était là, même si le prix dépassait légèrement mon budget... Depuis 15 ans je rafistole, restaure, découvre et "depuis peu" photographie. Parfois, j'ai l'impression que la transformation de la photographie par la révolution numérique est déjà oubliée. Vous vous souvenez du temps où la photo était un luxe ? Où il fallait payer très cher pour obtenir des souvenirs, attendre leur développement et le plus souvent regretter leur piètre qualité ? La photo professionnelle était alors contrôlée par ceux qui avaient les moyens d'acquérir des appareils perfectionnés et même de s'offrir une chambre noire. Il suffit de reprendre de vieux guides touristiques pour constater le fréquent manque d'exigences. Comme la photo, le livre sera numérique. La photo est ainsi vraiment entrée dans ma vie, avec des appareils de plus en plus justes, achetés d'occasion. Et elle se situe désormais au point de convergence entre la nécessité médicale de marcher pour éviter les dangers du travailleur intellectuel sédentaire et la découverte de cette région. Marcher utile ! J'écris en photos la beauté condamnée ou éphémère. Partir ? J'ai encore tellement de choses à immortaliser ! Chaque saison éclaire les pierres, arbres, sentiers, ruisseaux... La photo a modifié, affiné, transcendé mon regard.... *"Les pommes de décembre"*, comme *"Quercy : l'harmonie du hasard"* auraient certainement pu exister ailleurs. Je photographierai sûrement ailleurs si je dois partir... Le maïs, le tournesol, les prunes, même le Christ au bord des routes figurent parmi mes plus beaux souvenirs de l'année 2012. J'aime les gariottes, les pigeonniers, les lavoirs, les pierres sculptées, également pour leurs possibilités photographiques.

Je progresse également dans l'art de la photo. Le sujet est essentiel mais plus je photographie et plus, imperceptiblement, des "détails" prennent de l'importance. Je dois même parfois me forcer pour appuyer sur le bouton quand un de ces détails ne me convient pas. Il existe également une grâce de l'imperfection. La vente de mes livres numériques de photos reste insignifiante. Sur www.galerie.me la vente des clichés, numérotés et signés, fut lancée le 10 février 2013. Serai-je reconnu photographe d'art ? Je connais très peu ce domaine. J'ai néanmoins édité des cartes postales en 2004, ce fut un échec total. Le réseau de distribution semble aussi important que dans le livre en papier et la vente par correspondance, avec des frais d'envoi forcément élevés, fut quasi inexistante. J'imagine l'insignifiance des droits d'auteur des photographes dans le système traditionnel des galeries, dont les frais d'emplacement dans des espaces prestigieux doit naturellement s'amortir !

Malgré des réticences, je suis donc retourné à Figeac. Les premières photos, de cet Hôtel de Balène aux souvenirs mitigés, semblaient m'orienter vers un reportage très négatif... Une belle devanture et des ailes "abandonnées." J'ai même failli rapidement repartir... Puis il y eut un déclic, le regard accroché par des éléments condamnés, toujours ces beautés en fin de vie devant lesquelles tant de touristes passent sans s'arrêter. Puis il y eut une longue conversation avec un vieil homme me racontant le vieux Figeac... Il y eut également cet instant magique devant la plaque du nom d'une rue, en imaginant la même réaction de celles et ceux qui viendront dans quelques décennies, et découvriront Martin Malvy...

Je n'éclipserai naturellement pas Champollion avec mon "Figeac selon Ternoise" mais me placerai peut-être, dans l'Histoire, bien devant le maire de 1977 à 2001.

Je porte un projet balzacien de présenter chacune des 340 communes du département, en livre numérique. [désormais, depuis l'obtention d'un identifiant fiscal aux USA, également en papier] http://www.communes.info fut réservé à cet effet. C'est difficile de devoir quitter un lieu aimé, pour des raisons politiques. Economiques car politiques, dans mon cas. Oui, les difficultés financières proviennent de choix politiques. Mais je ne pouvais quand même pas adhérer au PRG, devenir correspondant local de la *dépêche du midi* et célébrer en alexandrins Jean-Michel Baylet, Martin Malvy, Daniel Maury, Dominique Orliac, Gérard Miquel et confrères.

Chaque écrivain est isolé... quand l'auto-édition nécessiterait une action collective d'explication

Dans la BD, un mouvement de révolte semble s'organiser... alors qu'officiellement le secteur se porte très bien, enfin correctement, les ventes restent bonnes, les entreprises florissantes... certes, il semblerait que ce soit au prix de droits d'auteurs rognés...

Mais chacun essaye de trouver ses propres solutions, gérer son quotidien, et la signature d'un contrat avec à-valoir reste la meilleure des sécurités. Il faut bien bouffer.

J'ai écrit « *le manifeste de l'auto-édition* » tout en constatant la quasi impossibilité de susciter un mouvement de masse. Naturellement les écrivains préfèrent attendre, profiter le plus longtemps possible des opportunités que leur offrent les éditeurs... qui contrôlent encore la médiatisation littéraire. Je dois m'expliquer sur cette phrase ? Je ne peux la justifier ? Pourquoi les médias, pas seulement ceux du groupe Lagardère (Paris-Match, Europe 1...) ouvrent leur temps d'antennes, leurs colonnes, aux écrivains de l'édition classique et la ferment aux indépendants ? Où publient les journalistes ? Les journalistes littéraires se tiennent facilement par la publication de leurs œuvres.

Un jour, des journalistes feront passer leur déontologie avant certains intérêts... surtout quand ils s'apercevront qu'il s'agit bien d'une vague de fond qui va emporter le livre papier... Pour l'instant, quand ils présentent des « auto-édités Amazon », il me semble qu'ils les choisissent plutôt parmi des auteurs disposés à signer avec un « éditeur traditionnel. » (vision d'une auto-édition servant à se faire repérer pour entrer dans le vrai monde de l'édition)

La réussite de l'indépendance passe également par la médiatisation, donc les journalistes. Mais aucun des auteurs mis à la une ne souhaite se brouiller avec les gens importants !

Devant un choix de vie

J'ai 44 ans, ce qui me semble encore tôt pour le suicide, donc je l'exclus mais ne peux m'empêcher de penser à Michel Champendal et son amer constat « *il n'existe de nos jours aucune perspective de ventes de livres pour un petit éditeur parisien...* » Il avait essayé, créé une maison d'édition à son nom, en dépôt de bilan début 2009, quelques semaines avant son suicide. C'est un article de Bruno Abescat dans l'*Express* en ligne "*L'édition française doute de son avenir*", publié le 22 mars 2010, qui me l'apprit. « *Il n'existe de nos jours aucune perspective de ventes de livres pour un petit éditeur parisien...* » serait son dernier message.

Qui plus est, athée, je n'ai que cette vie pour vivre [comme tout le monde, certes. Mais sans illusion]. Donc je n'irai pas m'immoler devant le bureau de monsieur Martin Malvy ! La *Dépêche du Midi* n'aura pas le plaisir de consacrer sa une à la larme dans l'œil gauche du grand homme (oui, la fumée peut susciter une réaction lacrymale).

Avant 2011, j'ai tenu principalement grâce aux revenus des sites Internet, les "droits dérivés" de mes écrits. Oui, offrir une version numérique en demandant l'inscription à une offre "partenaire" a fonctionné. Je leur consacrais environ 60% de mon temps de travail. En 2012, l'écriture (et la réalisation des livres numériques) occupa environ 90% de ces heures, avec une formidable progression des ventes, réalisées principalement sur Amazon, Itunes, Kobo, Fnac et la librairie de mon edistributeur Immateriel. Mais vivre avec pour seules rentrées 600 euros par mois, immédiatement engloutis dans les charges professionnelles, est-ce possible ? Certes, il suffirait de multiplier par 3 des ventes qui l'ont été par 10 en 2012 pour passer ce tunnel. Cette croissance des revenus est envisageable... mais pour l'atteindre, il me faut tenir ! Donc continuer à écrire, présenter le sixième roman, des livres d'art, des essais, me promouvoir... Peut-on espérer la lumière pour 2014 quand les politiques semblent à ce point au service des oligarchies ? Je me sens dans un long tunnel de 24 mois, 2013 et 2014... Oui, en 2015 le numérique représentera un marché suffisant où mon catalogue, même sans promotion exceptionnelle, peut me permettre de retrouver des revenus de smicard... si d'ici là je n'ai pas été exclu des sites majeurs de ventes (par des lois, des frais fixes de droits de vente, qui rendraient l'indépendance impossible ; dans ce cas, la fuite hors de France serait bien indispensable)

C'est là qu'une bourse de 8000 euros présenterait une véritable cohérence, pour soutenir une louable démarche littéraire, un projet exemplaire (je sais bien : si les politiques soutiennent l'indépendance, où éditeront-ils leurs livres ? et qui leur fera des petits cadeaux qui entretiennent l'amitié ?). Mais comme je vous l'expose, la région, le département et l'état, s'ingénient à soutenir les installés contre les velléités des écrivains qui osent chercher une solution pour vivre libre et dignement !
Naturellement, on pourrait me conseiller de trouver un juste milieu et de reprendre la gestion des sites Internet... mais ce travail trop informatique ne garantirait pas de revenus immédiats... à cause d'une concurrence de plus en plus effrénée (je n'entre pas dans le détail des ressources d'un site Internet gratuit). Si le « juste milieu » du 50 / 50, écriture / informatique, me permettait

de tenir en 2013, j'opterais peut-être pour cette approche raisonnable. Peut-être, car la littérature, là où j'en suis, c'est du 100 % (je range désormais la photographie dans la littérature, tellement j'ai l'impression de parler dans certains choix)

Les oligarchies ont gagné également dans la culture : qui refuse leur système est marginalisé, ghettoïsé. La guerre contre Google vise également à restreindre les ressources des sites Internet indépendants... (et Google semble disposé à "un partage du monde", des accords dans chaque domaine avec les incontournables).

Donc, comment vivre ici, en France, dans le Lot. Je sais bien que la virginité peut se négocier plus de 700 000 euros mais pour une femme, l'homme n'obtenant que 3 000. Et comme je l'ai précisé, mes 17 ans sont loin ! Tout ceci pour aborder de manière un peu décalée la prostitution. Me prostituer ? Ce qui n'est pas forcément sexuel. Trouver un travail ailleurs ? C'est-à-dire revenir dans le système quitté en 1993 ? Après tant de temps, je dois être inemployable ! Exit la prostitution sous toutes ses formes (ce n'est pas un véritable écrivain car il exclut le suicide et la prostitution !)

Alors ? Avec 600 euros par mois, on peut vivre dans certains pays d'Afrique. Certes, pour obtenir une connexion Internet, obligation de vivre dans une capitale. Je suis pourtant de la campagne mais là-bas les charges fixes n'engloutiraient pas l'ensemble...

Au centre de vaccination des voyageurs de Cahors, j'ai subi les précautions d'usage, contre la fièvre jaune, l'hépatite A, la méningite. Consultation de 25 euros non remboursée, tout comme les vaccinations ! 140 euros déjà ! Plus le passeport et ses 86 euros de timbres fiscaux,

5 euros de photos normalisées, sans sourire ni lunettes. Et gavage contre le palu nécessaire lors du séjour puis après le retour. Programme désagréable. Un premier séjour, car même un écrivain doit s'organiser. Mais ai-je le choix, quand un monsieur Martin Malvy semble incritiquable (qu'il ne nourrisse aucune illusion, ces péripéties lui survivront ! Le politique contrôle les pouvoirs de son époque, tout en s'appropriant un confortable budget de communication, et les écrivains se chargent de l'Histoire).

Monsieur Martin Malvy s'est imposé dans ma vie. Il en est devenu le symbole des blocages. J'ai hésité sur le terme ! Pourtant, il s'agit d'un « homme de gauche », selon la classification actuelle. Il s'agit même d'une personnalité sûrement très talentueuse car la liste qu'il mena aux dernières élections régionales triompha. Mais l'oubli se charge des hommes honorés ! Qui se souvient de Louis Malvy, député du Lot de 1906 à 1919 puis de 1924 à 1940, ministre de l'Intérieur lors de la Première Guerre mondiale. Il fut arrêté sur ordre de Clemenceau et, à l'issue de deux jours d'audience au Sénat, condamné par la haute cour de justice le 6 août 1918, innocenté du crime de trahison mais reconnu « *coupable d'avoir - agissant comme ministre de l'intérieur dans l'exercice de ses fonctions - de 1914 à 1917, méconnu, violé et trahi les devoirs de sa charge dans des conditions le constituant en état de forfaiture et encouru ainsi les responsabilités criminelles prévues par l'article 12 de la loi du 16 juillet 1875.* » Il fut condamné à 5 ans de bannissement, partit en exil en Espagne, fut amnistié en 1924 et sera réélu l'année même député du Lot. Il redeviendra ministre de l'intérieur en 1926. Le 10 juillet 1940, à Vichy, il vota les pleins pouvoirs au Maréchal Pétain, sera ainsi frappé d'indignité nationale et inéligibilité pour 10 ans en 1945. Mais il est mort avant, le 10 juin 1949. Son petit-fils, Martin Malvy, avait alors 13 ans. La filiation est passée par Charles, avocat, qui dirigea, à partir de 1935, « *La Gauche Quercynoise* », un journal dit antibolchevique, à la réjouissante devise "*Ordre, Travail et Propriété*". Il fut "simplement" conseiller général du Lot. Son fils, Martin donc, passé par le journalisme et la *Dépêche du Midi*, le devint à 34 ans, en 1970 (à 32 ans, il se présentait déjà aux législatives), dans le canton de Vayrac (il le resta jusqu'en 2001, bien qu'il devint maire de Figeac, à soixante kilomètres de là, dès 1977 et également jusqu'en 2001, où il prit de la distance en glissant adjoint au maire).

Durant sa période de ministre du Budget, 1992 - 1993, quand le cumul des mandats suscitait peu de contestations, il était donc également : conseiller général du Lot, Conseiller régional Midi-Pyrénées, maire de Figeac.

Le père de Louis s'appelait déjà Martin, directeur d'une miroiterie. De 1892 à 1919 il fut maire de Souillac (nord du Lot, à 65 kms de Figeac), où il existe une avenue Martin-Malvy (et un boulevard Louis-Malvy).

Vieille famille lotoise de la politique, donc. À laquelle il faut ajouter le mariage, en 1901, de Louis Malvy avec Louise de Verninac, la fille d'une famille dite "de la noblesse provinciale", famille qui "donna à la France" des ministres sous Louis XVI mais s'acclimata à la République : le beau-père de Louis Malvy, Charles de Verninac fut président du Conseil général du Lot et sénateur du Lot (né le 18 mai 1841 à Rochechouart en Haute-Vienne et mort le 12 mai 1901 à Baladou, village d'alors 563 habitants, baladines et baladins, à 10 kilomètres de Souillac), où il exerça la vice-présidence du 11 juillet 1898 à sa mort.

Comme moi, Martin Malvy figure en "auteur" sur Amazon. Mais lui uniquement pour des livres en papier ! Aucune version numérique pour les deux ouvrages référencés :

- « *Des racines, des combats et des rêves* » publié chez Michel Lafon (à ne pas confondre avec Éditions Robert Laffont) le 7 octobre 2010, un recueil d'entretiens avec deux journalistes, Jean-Christophe Giesbert et Marc Teynier.

« *Pourquoi ce livre ?*

C'est Jean-Christophe Giesbert et Marc Teynier qui lui ont proposé l'idée de faire ce livre. « *Ancien journaliste, j'ai toujours envie d'écrire. Mais j'en ai rarement le temps* », *explique-t-il.* « *Nous avons fixé un rendez-vous en fin d'après-midi un dimanche. Après le premier, je ne pouvais pas arrêter. Nous nous sommes donc vus 7 à 8 dimanches. J'ai répondu à leur question en fumant des cigarettes et en buvant du whisky. On a passé des bons moments* ». » [votre noterez le singulier : leur question ; suffisante pour faire un livre ?]

Signé : E.D. dans un article du 4 novembre 2010 de leur *Dépêche du Midi* en ligne quand il s'est rendu à la librairie Surre de Foix dédicacer "son" livre.
Un livre rédigé après 7 à 8 dimanche de conversations. Je doute qu'après une pareille expérience monsieur Malvy puisse comprendre la vie d'un écrivain... Je ne fume pas et ne bois jamais de whisky.

- Le 25 mars 2013 sortira « *Pour décoincer la France : Décentralisons !* » de Martin Malvy et Nicolas Bouzou. 96

pages, publiées par Privat, éditeur basé à Toulouse. L'un de ces "bons éditeurs" régionaux qu'il faut soutenir, sûrement...

Philippe Terrancle, *Editions Privat*, figure d'ailleurs dans le groupe de travail régional sur le livre numérique...

Mais pas de version numérique pour l'instant annoncée sur Amazon où le papier sera vendu 6,55 euros pour un prix public éditeur de 6,90 euros.

Finalement, le numérique fut à 3 euros 49 et le papier, sur Amazon, est descendu à 1 centime... en occasion et en neuf !

Certes Privat a les moyens d'imprimer des livres pour les donner !

Mon article http://www.ecrivainlotois.net/ecrivain13.html du 22 octobre 2013.

Le seuil de pauvreté en France

Dans notre pays riche, l'Insee calcule un seuil à 60 % et un seuil relatif correspondant à la moitié du revenu médian.

Le seuil de pauvreté serait pour la France celui de 50 %, et 60 % pour l'Union européenne.

Ainsi, pour une personne seule, le seuil de pauvreté relatif est de 803 euros (seuil à 50 %) ou de 964 euros (seuil à 60 %). Les chiffres sur le site de l'Insee sont ceux de 2010. En 2012 j'ai vécu avec moins de 800 euros mensuels. J'ai eu l'impression, néanmoins, de vivre correctement, sans vraiment me priver. Les fruits et légumes du jardin sont tellement délicieux. Quant aux œufs, si les poules ne pondent pas, je m'en prive, ne souhaitant risquer une indigestion avec des produits tellement délicats (ce qui m'est arrivé en 1995 lors de vacances). Les aliments les moins chers sont ceux de saison, manger des fraises ou des tomates en novembre ne me semble pas indispensable (et non recommandé à cause du goût). De même, pour l'habillement et les loisirs, mes frais restent limités : marcher avec des chaussures achetées en solde chez Leclerc à 12,50 euros ne me dérange pas, même après avoir regardé les modèles de randonnées à Inter-Sport, environ 150 euros ; lors des soldes à 40%, je n'ai pas puisé dans les dernières réserves, faute de la certitude qu'elles tiendraient ne serait-ce que cinq fois plus longtemps. Des vacances ? La vie est très agréable dans le Quercy. Certes, pour le plaisir de la photo, bouger plus m'apporterait sûrement quelques satisfactions…

4,216 millions de personnes (7,1 % de la population) vivent en dessous du seuil de pauvreté relatif de 50 % et 7,862 millions (13,2 % de la population) sous celui de 60 %, chiffres 2006. Pour 2010, 7,8% de la population en dessous du seuil de pauvreté relatif de 50 % et 14,1 celui de 60%. L'Insee n'a sûrement pas les moyens d'actualiser ces données !

Je pense que la pauvreté fortement ressentie par une partie de la population aux revenus supérieurs aux miens, provient de son mode de vie, en ville, avec une télévision, la sensation de dépenses obligatoires (fin 2012 j'ai acquis mon premier portable grâce à un bon d'achat offert par cdiscount, pour lequel le forfait à 2 euros mensuels proposé par free me convient).

Vivre à la campagne exige pourtant d'importantes dépenses dans les domaines du transport (la voiture est indispensable) et de l'accès Internet. Il n'est pas possible de se lier totalement au seul opérateur fournissant un prétendu haut-débit, ainsi noté sur le contrat avec un débit descendant limité à 512 k et un débit montant à 112 k. Alsatis, dont les absences de service du relai nécessitent de conserver un accès bas débit, Alice, qu'il faut coupler à une protection par un forfait passé de 6 à 10 euros chez Wanadoo devenu Orange, indispensable en cas de dysfonctionnement de la ligne (je m'explique sur l'indispensable : « vous avez un abonnement chez Alice, voyez avec eux » alors que naturellement l'accès aux habitations reste contrôlé par l'opérateur historique).

Qui va quitter la France pour d'autres raisons que Depardieu mais finalement les mêmes ?

Mathieu Kassovitz, un acteur-réalisateur, dans "*La Nouvelle Edition*" sur Canal +, une chaîne de télévision née durant ma jeunesse, au micro d'Ali Baddou, un présentateur sûrement très sollicité, en janvier 2013 :

« *Je suis en train d'essayer de dégager de ce pays comme Depardieu, pas pour les mêmes raisons parce que malheureusement, je ne suis pas aussi riche que lui. Créativement parlant, j'ai du mal à continuer à travailler dans un pays qui a enfermé le cinéma dans une espèce de copie conforme d'un modèle américain.* »

Son résumé du cinéma français semble cohérent : « *Moi, je suis acteur, je demande tant, je ne vais pas refuser qu'on me le donne. Les raisons pour lesquelles on me le donne, ce qui est étrange, ne sont pas liées à ma capacité de faire rentrer des gens dans la salle mais plus à ma capacité à amener les financiers, dont les chaînes de télévision, à rentrer dans un film* ».

Suis-je le premier écrivain à envisager publiquement de quitter la France à cause de politiques par et pour les oligarchies ? Je ne dois pas être le premier à le penser ! Mais les écrivains s'organisent pour essayer de trouver des revenus annexes... et les bourses des Centres Régionaux des Lettres comme du Centre National et autres organismes, constituent des bouées de sauvetage. Mais pour cela, il convient de montrer une soumission réelle à l'oligarchie, en confiant ses œuvres aux "éditeurs traditionnels."

Un SOS aux lectrices et lecteurs car vendre des livres, c'est pouvoir continuer

Sous-titrer sur Aurélie Filippetti, Martin Malvy, Gérard Miquel, François Hollande et les autres, m'apparut indispensable : il s'agit de bien pointer les responsables (responsables mais pas coupables serait sûrement leur ligne de défense, si tel toujours Pierre Desproges, je pouvais les convoquer devant mon tribunal littéraire). Mais derrière les conséquences de politiques par des installés pour des installés, c'est un SOS aux lectrices et lecteurs que j'adresse. Je crois bien plus en la capacité d'attention des lectrices et lecteurs qu'en celle des politiques.

Oui, un livre vendu, même au format numérique à tarif décent, c'est un peu d'espoir qui revient. Mille livres numériques par mois, même à tarif décent, ce serait la victoire ! Le « fond de catalogue », documentaire, sur l'édition, la politique, les villes et villages peut m'aider à atteindre cet objectif...

La possibilité de suivre les chiffres de ventes en quasi continu, avec un décalage maximum de quelques jours, peut dériver en obsession avec des heures finalement perdues à se connecter à la plateforme du distributeur rien que dans ce but mais elle offre une visibilité inconnue aux écrivains qui doutent le plus souvent de la réalité des chiffres transmis une fois par an par leur éditeur.

Je vais publier ce livre, puis ceux sur Figeac et Cahors (les 42 monuments historiques) et mon sixième roman. Des semaines cruciales. Des billets de loterie, au sens stendhalien. Qu'ils m'apportent les moyens de rester en France, un tel happy end me semble pourtant quasiment impossible.

Le théâtre

Les demandes d'autorisation par des troupes sont très rares. La plus grande partie des paiements obtenus le fut après la découverte de la représentation, via un article de presse ou le site de la troupe. Je n'ai "naturellement" pas réussi à obtenir un centime des représentations à Madagascar ni en Biélorussie, pourtant organisée par l'ambassade de France.

Le succès d'une pièce serait suffisant pour me permettre de tenir !

C'est le côté passionnant de cette aventure : il existe de multiples voies d'où le minimum nécessaire peut venir.

Cet essai n'arrangera pas mes relations avec les politiques et les médias inféodés !

A l'amie qui s'est inquiétée d'un risque d'autocensure globale des journalistes après un tel texte iconoclaste, j'ai cité Marcel Aymé : « *la seule raison que nous ayons d'écrire, c'est pour dire des choses. Qu'importent les conséquences.* » Et si je reprends ici cette réplique, c'est en hommage à une plume qui osa rester libre dans des circonstances nettement plus dangereuses pour l'insoumission. Il répondait ainsi à Henri Jeanson, ami le mettant en garde sur le danger d'articles contraires à l'idéologie dominante, en 1940 (à la même époque Louis Malvy votait les pleins pouvoirs au maréchal Pétain).

J'ai déjà noté cette remarque dans un précédent livre. Il s'est si peu vendu que je me permets de la replacer à l'identique ! Dans la société du spectacle du vingt-et-unième siècle, seul un "exceptionnel concours de circonstance" peut permettre un retentissement national de mes écrits...

Quant à mes relations avec les médias, elles sont déjà quasi inexistantes…

Un exil des intellectuels français en Afrique ? Si on aime la France, il faut la servir ? Donc partir discrètement ?

Les cadres supérieurs et les entrepreneurs préfèrent New York ou Londres.

Les retraités et rentiers rêvent encore de la Suisse.

La Belgique, c'est la porte à côté la plus proche pour continuer ses affaires principalement en France. Le Canada garde un attrait et l'Israël pour des raisons sociales mais également religieuses.

Mais pour nous, les intellectuels précaires (www.precaire.com), seule l'Afrique semble possible, la partie francophone.

Sur *Europe 1*, faut-il rappeler radio du groupe Lagardère également financier (ou employeur, si vous préférez ce terme pour éviter toute confusion) de la compagne du président, notre Hollande national : « *J'ai une grande admiration pour Catherine Deneuve (...) et même pour Gérard Depardieu ... (...) si on aime la France, il faut la servir.* »

Vous servez qui, monsieur le Président ? Il sert qui monsieur Malvy ? Elle sert qui madame Filippetti ? La France se résume à son oligarchie ?

Les intérêts des grands groupes se confondent avec ceux de la France ? Peu importe le Président, Lagardère c'est la culture ?

Vous ne deviez pas dresser les français les uns contre les autres ? Cela signifiait que vous alliez continuer à soutenir les installés et museler les plus faibles sous la table ?

Pour mener une politique juste, monsieur le Président, vous avez enfin réalisé que vous deviez vous opposer à des installés ? Et cela vous semble trop compliqué ? Vous soutenez donc Aurélie F ? Vous n'avez pas écouté Frédéric Mitterrand confessant, concédant, au micro de *France-Culture*, avant de lui laisser la place : « *C'est tellement lourd et long, chaque fois qu'on bouge, ça change les habitudes et les situations acquises de tant de gens.* » Ah les situations acquises, finalement, il n'y a pas plus conservateur que la gauche avec elles, à part peut-être parfois la droite !

Aimer la France, quand on accède aux plus hautes responsabilités, ne serait-ce pas plutôt mettre en œuvre une politique juste, qui ne pousse pas vers la sortie les plus riches et les plus pauvres ?
À cause de mesurettes, les plus riches, bien ingrats, pourraient préférer passer la frontière. Mais c'est dans la logique des oligarchies : quand vous accédez à un sommet, vous essayez de rejoindre l'oligarchie supérieure, un peu comme le médaillé du mérite vise la légion d'honneur... Quant aux plus pauvres, si leurs modestes revenus ne nécessitent pas une présence dans l'hexagone, vont-ils rester ? Pour les lectrices et lecteurs, que j'écrive de Montcuq ou Ouagadoudou, l'important c'est le texte.

Si cette fuite faute de pouvoir survivre en France se confirme, François Hollande restera comme le Président du grand basculement de la France terre d'espoir au stade ultime d'un pays gangréné par les oligarchies. Certes, socialement et politiquement, cet exil aurait pu débuter plus tôt mais les conditions d'obtenir en Afrique un revenu nettement suffisant pour vivre correctement n'étaient pas remplies : les livres numériques se vendent désormais et c'est justement actuellement que les écrivains ont besoin de soutiens sinon ils partiront.

La France officielle préfère ses libraires (qui gagneront ainsi correctement leur vie durant encore quelques années) et surtout ses éditeurs (qui peuvent ainsi proposer des contrats de plus en plus cadenassés aux écrivains). Puis l'inéluctable logique économique triomphera, le livre numérique remplacera le papier mais une génération d'écrivains sera passée à côté du possible, à cause des politiques mais également de leur incapacité à réfléchir en "classe" dans un véritable combat pour leurs droits, et non chacun de son côté pour essayer d'obtenir le meilleur contrat, celui qui donne l'espoir de la méga promo et d'un prix littéraire.

Imaginons l'élégance de Michel Sardou appliquée au Burkina Faso

Grande envolée de Michel Sardou sur BFMTV « *Je ne juge pas Gérard, je m'en fous, il va aller s'emmerder comme un rat là-bas. Il y a une justice divine quand même !* » Ah ! Si en plus Michel Sardou en appelle à la justice divine !

Ensuite, il n'hésita pas à s'attribuer un certificat de bon français : « *Tout ce que je fais, c'est ici que je le fais, c'est à ce pays que je le dois. Si je me mettais à leur dire 'maintenant, les mecs, vous êtes dans la merde, excusez-moi mais je prends l'oseille et je me tire', je ne me regarderais pas bien dans la glace. Deux ans d'efforts, franchement on ne va pas en mourir !* » S'il y a une justice divine, tout est possible, mon vieux Michel ! (je l'imagine très bien s'observer dans la glace, en toute objectivité, naturellement)

Ces propos plurent énormément à madame Aurélie Filippetti, une « *agréablement surprise* » que cet oligarque, « *caricaturé comme chanteur conservateur, qui dit qu'il considère que c'est normal de faire des efforts* ». Alors qu'elle fut « *tout à fait scandalisée* » par Gérard Depardieu (certes pas au point de rester en France lors de la période de Noël où elle s'envola discrètement pour les îles…).

Parfois, quand même, elle devrait relire son premier roman…

Certificat de bon français que n'a pu s'empêcher de s'attribuer également Jamel Debbouze, certes après un « *Je dis qu'il ne faut pas énerver Obélix, c'est une mauvaise idée. Il est libre de faire ce qu'il veut de toute manière. Et puis ce n'est pas très cool de le voir un peu bousculé.*

Cette insulte, je comprends qu'il l'ait mal prise. » Car lui restera et le nous est significatif : « *Nous on est très clairs, là-dessus : on est solidaires. C'est des choses qu'on a apprises dans notre quartier. Aujourd'hui en France ça va pas très bien, on se serre les coudes.* » Il serre les coudes avec qui ?

Je ne suis qu'un modeste français, de la campagne, et si j'étais belge, j'attraperais des rats pour les balancer les soirs de spectacles de ce Michel Sardine, zut Sardou.

Après ce mépris pour la Belgique, quel genre d'élégant qualificatif balancera monsieur le chanteur de charme quand on l'interrogera sur l'exil des écrivains au Burkina Faso ? (un de ses fils semble considéré "écrivain", comme une fille de M. Cabrel est chanteuse... vive les héritiers...) Je sais bien qu'ils ne l'interrogeront pas, les journalistes qui ne peuvent naturellement pas connaître la vie des écrivains qu'on ne croise pas dans les cocktails.

Annexe 1 : Échange avec monsieur Malvy Martin et autres explications

M. Malvy Martin, Président du Conseil Régional
CONSEIL REGIONAL MIDI-PYRENEES
22, boulevard du Maréchal-Juin
31406 Toulouse Cedex 9

Montcuq le 16 janvier 2013

Monsieur Martin Malvy,
Monsieur le Président de la Région Midi-Pyrénées où je vis depuis 1996,
Monsieur le Président d'une communauté de commune du département où j'ai choisi de vivre,

Je pense avoir écrit quelques textes corrects, et faire correctement mon boulot d'écrivain, mériter ainsi un minimum de respect. Romans, essais, pièces de théâtre (certaines traduites en anglais et allemand), textes de chansons. Mes photos intéressent également, un peu.

Pourtant, quand je lis vos modalités d'attribution des bourses du CRL, je me sens insulté. Minable, l'écrivain indépendant qui souhaite vivre en modeste artisan de la plume, sans passer par les grandes fortunes de France, Gallimard, Lagardère, Esménard ou de La Martinière ? Minable, que d'être une profession libérale, auteur-éditeur ?

Vous avez choisi de mener une politique de soutien aux

écrivains inféodés à ces groupes et aux libraires, qui vendent les produits de ces industriels de l'édition (« *industrie culturelle* » selon l'expression de madame la ministre Aurélie Filippetti devant le SNE). Est-ce cela être de gauche au vingt-et-unième siècle ? Pouvez-vous prétendre que la plume des bénéficiaires de ces 8200 euros ait produit des œuvres d'un intérêt supérieur à la mienne et qu'ils méritaient plus que moi un soutien ? Nous les indépendants, sommes des minables ? (j'utilise ce "nous" ès auteur du « *manifeste de l'auto-édition* »)

Vous n'avez pas l'impression que la petite phrase d'exclusion des écrivains professionnels, en profession libérale auteur-éditeur, témoigne d'une politique soumise aux oligarchies, à cette appropriation de la culture par des industriels ? (Emmanuel Todd semble rejoindre mes vieilles analyses, quand il écrit « *la vérité de cette période n'est pas que l'État est impuissant, mais qu'il est au service de l'oligarchie* »)
Vous ne mesurez pas les conséquences sociales et humaines d'une telle politique ?

Depuis plus d'une décennie, j'essaye de demander une approche respectueuse des écrivains indépendants. Votre ami monsieur Alain Bénéteau, m'accorda en son temps de président du CRL, une formule que vous trouverez peut-être également jolie « *nous ne pouvons probablement pas rester sur une situation non évolutive.* » En dix ans, seul le vocabulaire de rejet des indépendants fut modifié [dans votre "*Sont exclus :*" figura la phrase "- *l'auto-édition (éditions à compte d'auteur et éditions à compte d'auteur pratiquées par un éditeur professionnel)*"] J'ai également en vain interpellé monsieur Gérard Amigues, représentant lotois au CRL.

Depuis plus d'une décennie, je vis de peu, le plus souvent sous le seuil de pauvreté. 2013 est financièrement intenable. Ce soutien du CRL représentait mon unique espoir de tenir. Quitter la France devient donc financièrement impératif. Vous vous en réjouirez peut-être. Puisque vous n'avez jamais daigné répondre directement à mes critiques. Mais il fut un temps où notre pays représentait une terre d'espoir et pour continuer d'écrire, vivre de mes ventes, je ne vois d'autre solution que l'exil, en Afrique.

Le "système des installés" a donc gagné : un écrivain qui ne se soumet pas aux oligarchies doit abandonner. C'est peut-être cette petite phrase sur les écrivains indépendants que retiendront de votre passage sur terre les générations futures. Être écrivain et vivre à la campagne, modestement, représentait un choix de vie (à 23 ans j'étais cadre dans une grande entreprise, bien que je sois né dans un milieu agricole, sans relations). Ecrivain et campagne, deux voies inacceptables ? Exemple pour la campagne, Alsatis, qui nous fut présenté, imposé, offert (les qualificatifs divergent), ce "haut débit" de campagne, ainsi noté sur un contrat spécifiant un débit maximum montant à 128 kbps.

Je n'étais pas retourné à Figeac depuis le 27 avril 1998, votre fête du livre où il m'avait fallu payer 80 francs pour obtenir un "strapontin". J'en ai fait une pièce de théâtre qui je l'espère nous survivra. Lundi 7 janvier 2013, j'ai photographié cette ville. Ce sera, symboliquement, sûrement une de mes dernières publications avant l'exil.

Je n'ai jamais participé (14 livres en papier publié, une cinquantaine d'ebooks) au "*Salon du livre de Toulouse*

Midi-Pyrénées" organisé par le CRL. « *Votre qualité d'auteur-éditeur ne nous permet pas de vous intégrer à ce Salon, qui est limité aux éditeurs professionnels de Midi-Pyrénées* » me répondait sa directrice en 1998, Laurence Simon. L'exclusion fut totale. J'ignore si d'autres professions ont eu autant à souffrir de la politique régionale durant vos mandats mais vous ne nous avez rien épargné.

Oui, monsieur Malvy Martin, j'ai essayé une autre voie, car j'ai refusé un système qui confisque 90% des revenus des livres. Ces librairies que votre politique a soutenu, savez-vous qu'elles ont accepté la gestion mise en place par des distributeurs créés par "nos grands éditeurs" (naturellement, vous n'avez "sûrement" pas lu "*écrivains réveillez-vous !*")

En agitant devant le nez des écrivains qui acceptent ce système inique (n'entendez-vous jamais les protestations d'écrivains qui acceptent ce chemin mais ne parviennent pas à en vivre, même à être certains des chiffres de ventes ?) des bourses de 8000 euros (chiffre 2013), vous participez à la pérennité de ce système. Sommes-nous des ânes, monsieur Martin Malvy, pour que l'on nous (les écrivains) promène ainsi ?

Le livre numérique est une chance pour les écrivains. Mais ai-je été invité à participer au groupe de travail régional interprofessionnel sur le livre numérique "*LE NUMERIQUE ET LES MÉTIERS DU LIVRE*" ? La composition de ce groupe est significative des résultats qui souhaitaient être obtenus. Le livre numérique, oui, à condition qu'il soit contrôlé par les "éditeurs traditionnels" et permettent aux libraires de continuer à vivre de ce commerce ?

278

Naturellement, je suis écrivain et comme Stendhal le plaçait dans la postérité, je vais lancer un dernier billet de loterie dans le monde numérique, en racontant, tout simplement, cette lutte pour vivre debout, cet échec face à votre politique (ce "votre" englobe naturellement vos collègues mais je suis arrivé dans le Lot en 1996, deux ans avant votre élection à la tête du Conseil Régional donc nous aurez marqué ma période lotoise, il est donc normal que votre présidence soit abordée).

Même si, contrairement à madame Danielle Mitterrand et de nombreux membres du PS, je n'ai jamais eu de sympathie pour Fidel Castro, en ce début d'année, j'éprouve pour monsieur Gérard Depardieu une grande tendresse. Comme lui, je suis un être libre, Monsieur, et je sais rester poli.

Veuillez agréer, monsieur le Président de Région, mes très respectueuses considérations.

Stéphane Ternoise
http://www.ecrivain.pro

http://www.romancier.net
http://www.dramaturge.net
http://www.essayiste.net

Allusion au recommandé du conseil du Conseil Régional...

Dans la « lettre recommandée à monsieur Martin Malvy », a-t-il compris le « *puisque vous n'avez jamais daigné répondre directement à mes critiques* » comme une allusion au recommandé de mars 2010 envoyé par le conseil du Conseil Régional ?

Naturellement, il n'y a peut-être aucun lien entre les deux « affaires » mais en mars 2010, l'avocat du Conseil Régional m'envoya une lettre recommandée pour m'interdire d'afficher le logo du conseil régional sur conseil-regional.info, portail essayant d'observer les politiques régionales... Interdiction au nom de la contrefaçon alors qu'une recherche dans google.fr versant images de « logo région midi pyrénées » génère le 6 janvier 2013 plusieurs pages de réponses, alors qu'aucune des autres régions n'a mandaté d'avocat ni même envoyé de message pour s'opposer à la reproduction de son logo.

Peut-être qu'aucun lien n'existe entre mes critiques de la politique de monsieur Martin Malvy et ce recommandé ! Je me demande néanmoins s'il ne s'agit pas d'une manière de me rappeler qu'on ne conteste pas sans conséquence un président de région de la qualité de l'ancien maire de Figeac.

Des pressions sur les écrits d'un auteur indépendant

Le premier qui dit la vérité... Certes, il ne s'agit pas de prétendre que tout écrit doit être accepté, j'ai moi également dû ester en justice contre une diffamation, condamnée par le TGI de Paris, à 1200 euros en 2012. Mais il s'agit de pouvoir analyser la politique et les propositions commerciales.

Fin 2006, le directeur de la diffusion d'une société pratiquant l'édition à compte d'auteur a exigé la suppression d'une page du site auto-edition.com et d'une sur lewebzinegratuit.com !

Il me menaça : « *un courrier d'avocat. Première phase d'une procédure qui pourra aller plus loin.* »
Le 26 juin 2007 j'ai été assigné au Tribunal de Grande Instance de Paris, par cette société, qui réclama 360 000 euros de préjudice.

Juin et juillet 2007 furent des mois difficiles : on me considérait comme un futur condamné : je n'y connaissais rien à ce monde judiciaire.
Je n'avais jamais eu à rechercher les services d'un avocat.
Mais je ne pouvais pas retirer ces pages écrites en 2002 !

Trouver un avocat connaissant bien le fonctionnement de la 17eme chambre Presse-civile du Tribunal de Grande Instance de Paris était nécessaire...
Le 7 septembre 2009, le jugement a été rendu par cette 17eme chambre Presse-civile du Tribunal de Grande Instance.
Le Tribunal a prononcé l'annulation de l'assignation.
Le procès verbal de signification ayant été remis par huissier le 13 janvier 2010 à la société, le délai d'appel étant d'un mois, il m'a fallu attendre le 13 février 2010.
Presque trois années de pression. Les pages n'ont pas été modifiées, constituent l'historique des sites.

Les 14 et 21 mars 2010 se sont déroulées les élections régionales.
J'ai essayé, en vain, dans la région, d'alerter sur la politique du CRL.
Quelques contacts avec des opposants à monsieur Martin Malvy. Mais rien qui laissa espérer une vraie rupture en cas de changement de majorité.
L'histoire récente retient qu'il fut confortablement réélu.
L'Histoire retiendra-t-elle que le 17 février 2010 (soit quatre jours après la certitude d'absence d'appel de la

281

société qui souhaitait ma condamnation à 360 000 euros de préjudice !) fut écrit à Toulouse, par un avocat d'une société civile professionnelle d'avocat, un courrier destiné, en lettre recommandée, à Stéphane Ternoise.

Je ne l'ai réceptionnée à la poste de Montcuq que le 16 mars 2010.

Monsieur,

Je vous écris en ma qualité de Conseil de la Région Midi-Pyrénées.

Ma cliente m'a fait part des conditions dans lesquelles vous exploitez un site internet à l'adresse "conseil-regional.info" dans lequel vous utilisez sans son accord la marque et le logo de la Région Midi-Pyrénées.

Cette utilisation sans l'accord de ma cliente de sa marque protégée est constitutive d'un acte de contrefaçon au sens notamment des articles L.713-2 et L.713-3 du Code de la propriété intellectuelle ; les sanctions pénales étant précisées par les articles L.716-9 à L.716-14 du même Code.

Je vous mets par conséquent officiellement en demeure de cesser immédiatement d'utiliser cette marque et de la retirer dès réception de la présente de votre site internet.

Je vous précise qu'à défaut de réaction par retour, j'ai reçu instruction d'engager toute procédure visant à la sauvegarde des droits de ma cliente.

(...)

Il me priait de croire en ses sentiments distingués.

Le site http://www.conseil-regional.info contenait le logo de chacune des régions françaises.
J'ai remplacé celui de ma région par un carré blanc entouré de noir, avec noté en rouge "Midi-Pyrénées" et en noir "Logo Interdit". Et une explication. Si le logo est effectivement la propriété de la région, l'interdiction du nom de *"la marque"* pouvait sembler signifier l'interdiction d'utiliser le nom *"région Midi-Pyrénées."* Mais alors, comment nommer cette région ? La malvynie ? Ou plutôt la Baylonnie ?

La région et l'avocat ont semblé satisfaits car ils n'ont pas poursuivi ! Mais je ne suis pas parvenu à populariser cette information...

Exigence de retrait pour "contrefaçon"... sachant que désormais les voitures de la région possèdent sur leur plaque minéralogique ce logo, sachant que ce logo se trouve sur de nombreux sites (dont wikipedia...), cet avocat aurait dû, en toute logique, œuvrer à la disparition du logo, toujours abondamment repris trois ans plus tard ! Etais-je donc directement visé ? Est-ce plutôt mes informations qui dérangeaient ? Mais naturellement, il est peut-être difficile pour une région dirigée par un ancien journaliste (qui plus est dans ce très grand quotidien régional qu'est la *dépêche du midi*) de demander à un avocat d'attaquer des articles argumentés et non diffamatoires. Car naturellement, les faits sont suffisamment éloquents pour que leur simple énumération puisse embêter ! Malheureusement, il semble que notre époque aurait peut-être regardé mes écrits s'ils avaient contenu de la diffamation mais une information dans ce domaine de l'édition ne semble pas vraiment intéresser. Trop de situations acquises en jeu ?

Entre temps, en 2008, j'avais reçu une autre lettre recommandée d'avocat, datée du 15 avril, également à Toulouse, dossier Richard Seff et Francis Cabrel.

Parfois l'envie me vient de ressortir du Coluche, comme dans "*les discours en disent long*" où il balançait « *si la Gestapo avait les moyens de vous faire parler, les politiciens d'aujourd'hui ont les moyens de vous faire taire* » mais je me retiens car nous sommes au vingt-et-unième siècle et les femmes et les hommes politiques de ce pays sont très attachés à la liberté d'expression.

La réponse "de" monsieur Malvy

Joël Neyen
Directeur Général des Services

Toulouse, le 11 FEV. 2013 (en dessous, du blanco masque le cachet de la date à l'envers)

Objet : VOTRE COURRIER DU 16 JANVIER

Monsieur,

Votre courrier visé en objet, et relatif à l'analyse que vous faites des différentes modalités de soutien à l'écriture et à l'édition en région, a retenu toute l'attention de Monsieur

Martin Malvy, Président du Conseil Régional de Midi-Pyrénées.

À sa demande, je vous apporte les précisions suivantes. Dans le contexte fragilisé de la filière du livre et de la lecture, sur laquelle pèse plus que jamais les impondérables liés aux mutations induites par les nouvelles technologies et notamment, la perspective de l'émergence du livre numérique, la Région a choisi de concentrer son intervention en faveur des opérateurs les plus exposés, petites structures d'édition et librairies notamment, afin de conforter les conditions de leur activité en Midi-Pyrénées [remarque Ternoise : finalement, quel beau paragraphe, qui expose le conservatisme, la mise au service des installés de la puissance des services publics de la région, contre la possibilité d'une transformation ; pas un mot sur les écrivains : « petites structures d'édition et librairies »]

Cette décision est le fruit d'une concertation élargie entre les opérateurs professionnels concernés, le Ministère de la culture, le Centre Régional des Lettres et la Région, et prend en compte tant la viabilité économique de la filière que la qualité de sa production. [remarque Ternoise : il suffit de réunir des gens qui ont les mêmes intérêts, d'ignorer les autres, pour prétendre s'être concerté. Quant à la viabilité économique et la qualité de la production, je pense avoir exposé de manière éloquente pourquoi je me retrouve en situation de "faillite" sans que la qualité puisse être démontrée inférieure à celle des auteurs aidés.]

Dans ce contexte, des choix doivent être opérés entre les multiples demandes qui sont présentées à la Région, qui bénéficie pour cela de l'assistance d'un comité d'experts professionnels. Plus d'une centaine d'ouvrages sont ainsi soutenus chaque année. [remarque Ternoise : « un comité d'experts professionnels », sans écrivain indépendant, naturellement. De quels pouvoirs magiques sont dotés ces experts pour me juger sans m'avoir lu ?]

La publication à compte d'auteur est exclue, pour sa part, de ce système, car elle revient à la commande directe d'un auteur à l'éditeur, ce qui élude l'engagement personnel de l'éditeur en faveur du projet. Seules sont donc recevables les publications à compte d'éditeur. [remarque Ternoise : il semble donc que l'existence de la profession libérale auteur-éditeur soit niée, elle ne peut quand même pas être assimilée à du compte d'auteur par des hommes aussi compétents. Il existe donc deux voies : compte d'auteur ou compte d'éditeur... exit la profession libérale...]

Dans la mesure du possible, la plus grande promotion est faite aux auteurs et éditeurs dans le cadre du Salon du livre "Vivons livres", organisé chaque année au moins de novembre. [remarque Ternoise : "vivons livres", mais surtout pas libres ! Un écrivain doit se soumettre à la filière...]

Enfin, des bourses d'écritures sont attribuées, chaque année, pour valoriser le travail des auteurs de la région et contribuer à la promotion des oeuvres littéraires. [remarque Ternoise : la lettre portait bien sur ce sujet. Mais l'absence de réponse pour les travailleurs indépendants est flagrante !]

Ainsi que vous le voyez, différents protocoles d'intervention sont à l'œuvre, en faveur de la filière du livre, qui bénéficient, au premier chef, aux structures les plus fragiles. [remarque Ternoise : faux monsieur, les structures les plus fragiles sont les travailleurs indépendants et vos protocoles d'intervention sont des protocoles d'exclusions à leur égard.]

Je vous prie de croire, Monsieur, à l'assurance de mes sentiments distingués. [remarque Ternoise : j'en doute !]

Signature
Joël NEYEN

[remarque Ternoise : chacun, en relisant ma lettre du 16 janvier et cette réponse peut conclure sur le degré de pertinence de l'argumentaire. Il me passe par la tête une phrase qui n'a sûrement aucun rapport :
« *Vous venez avec vos questions, je viens avec mes réponses...* » et j'entends la voix de Georges Marchais...]

Seconde lettre

M. Malvy Martin, Président du Conseil Régional
CONSEIL REGIONAL MIDI-PYRENEES
22, boulevard du Maréchal-Juin
31406 Toulouse Cedex 9

Montcuq le 24 février 2013

Vos Réf : ----/AR/--- - --------

Monsieur le Président de la Région Midi-Pyrénées,

Vous avez considéré M. Joël NEYEN, directeur Général des Services, comme le plus apte à répondre à mon courrier du 16 janvier 2013. Il précise bien qu'il s'agit d'une réponse suite à votre demande. Je me permets donc de considérer que les réponses vous engagent. Peut-être êtes-vous mal conseillé, victime des notes d'un puissant lobby. Je sais bien que nul ne peut connaître l'ensemble des activités d'une société.

Donc, M. Martin Malvy, à l'approche du quinzième anniversaire de votre entrée à la présidence de notre région, le jour de vos 77 ans, vous ignorez toujours qu'il existe une profession libérale auteur-éditeur, ainsi déclarée à l'urssaf (N°SIREN ---------) et au service des impôts (déclaration contrôlée, BNC, avec même un numéro de TVA Intracommunautaire FR42---------).

Vous répondez pour justifier vos financements "*en faveur des opérateurs les plus exposés*" mais il est apocryphe de prétendre que vous intervenez pour soutenir les "*petites structures d'édition.*" (l'auteur-éditeur étant la structure de base de l'édition indépendante)

Vous répondez pour justifier votre exclusion des aides de la publication à compte d'auteur. Ce qui n'est pas le sujet ! Qui plus est, vous devriez connaître ma position sur le sujet (affaire au TGI de Paris quand une société pratiquant le compte d'auteur m'y a assigné pour essayer de faire disparaître de mes sites mes analyses). Quant à "votre" salon du livre, il se caractérise par l'exclusion des auteurs indépendants.

Mais pas un mot sur la profession que j'exerce, auteur-éditeur, en travailleur indépendant, profession libérale, qui constituait pourtant le coeur de mon questionnement dans ma lettre du 16 janvier 2013.

Pas un mot non plus sur les conditions de travail consécutives à l'absence de connexion Internet à une vitesse correcte dans les campagnes de la région (en un mot : alsatis).

Vous avez tort, monsieur Martin Malvy, de vous placer du côté des installés contre les écrivains indépendants. L'auto-édition est une vraie profession. J'en suis même l'un des symboles au niveau national, auteur du "*manifeste de l'auto-édition.*" Madame Aurélie Filippetti, ès ministre de la Culture, écrivait d'ailleurs récemment « *l'auto-édition est riche de promesses.* » Mon combat pour sa reconnaissance passe donc par la dénonciation de votre position, de votre politique (j'ai bien noté l'absence de réponse du président du CRL, M. Michel Perez).

J'aimerais donc une vraie réponse, où vous n'assimileriez pas l'auto-édition (terme usuel pour la profession libérale auteur-éditeur) au compte d'auteur (défini par l'article L132-2 du CPI et régi par la convention, les usages et les dispositions des articles 1787 et suivants du code civil).
Je ne vois pas d'autre résumé à votre réponse que de considérer que vous avez assimilé une profession libérale indépendante à la pratique du compte d'auteur, activité sur laquelle nous semblons d'accord pour conclure qu'elle ne peut pas mener à une professionnalisation mais dont la définition semble erronée chez vous.

Veuillez agréer, monsieur le Président de Région, mes très respectueuses considérations.

Stéphane Ternoise - http://www.ecrivain.pro

Cette lettre fut réceptionnée le 28 février 2013 par le secrétariat général Région Midi-Pyrénées.

M. Malvy Martin est bien né le 24 février 1936. Comme moi, il n'est pas né dans le Lot. Lui, à Paris.

Question de constitutionnalité de la politique de M. Martin Malvy

Je pose la question. Avec l'espoir qu'un juriste s'en saisisse.

Est-il conforme à la Constitution, au principe d'égalité des citoyens, de rendre certains écrivains inéligibles aux bourses publiques, au motif qu'ils sont travailleurs indépendants, immatriculés en profession libérale, et non inféodés à un "éditeur traditionnel" par un "contrat d'édition à compte d'éditeur" ?

Puisse cette question ouvrir un débat sur la politique du Centre Régional des Lettres Midi-Pyrénées, un débat refusé par M. Martin Malvy depuis 1998.

Cette discrimination d'une profession libérale est-elle, d'autre part, socialement juste ? Avis de politiques bienvenus.

Stéphane Ternoise
http://www.ecrivain.pro

Jean-Luc Petit
BP 17
46800 Montcuq

>   Madame Aurélie Filippetti
>   Mme la Ministre de la culture
>   et de la communication
>   3, rue de Valois
>   75001 Paris

Montcuq le 16 février 2013,

Madame la Ministre de Culture,
Madame la Romancière engagée,

Madame Sylvia Pinel m'avait conseillé de vous contacter, quand je l'avais croisée durant la campagne législative. Elle m'avait avoué ne pas suivre la culture mais, ès parlementaire, avoir voté comme le recommandait son groupe, dans lequel vous étiez une spécialiste du domaine... La vie parlementaire fonctionnerait ainsi, paraît-il. "*Faut laisser faire les spécialistes*" chantait un lotois, Léo Ferré.

Pourtant la loi dite sur les *livres indisponibles* du XXe

siècle, "*écrite par les éditeurs, pour les éditeurs*", fut votée. Comme sont toujours en vigueur les lois sur la copie privée et le prêt en bibliothèque, textes discriminatoires qui excluent les écrivains indépendants.

Savez-vous, madame la ministre, qui dénoncez la concurrence déloyale d'Amazon par rapport aux libraires, que nous, les écrivains indépendants [profession libérale, travailleur indépendant], sommes les victimes de la concurrence déloyale des grands groupes de l'édition, dirigés par ces grandes fortunes de France que sont les Lagardère, Gallimard, Esménard, de La Martinière, Glénat ?

Ces mastodontes, abondamment subventionnés, nous bloquent même l'accès aux 25 000 points de vente des livres en papier, via leurs "distributeurs" (j'ai développé dans "*écrivains, réveillez-vous !*" et "*le manifeste de l'auto-édition*"). Depuis des décennies ce "dysfonctionnement" semble convenir aux libraires, peut-être plus intéressés par le commerce que par la "diversité éditoriale" (exhiber un libraire indépendant passionné pour représenter la profession m'apparaît toujours légèrement ridicule...)

Oui, madame la ministre, pour nous, écrivains indépendants, Amazon, Itunes, Kobo sont une chance. Le livre numérique est une chance. Quand vous attaquez ces groupes, vous nous attaquez. Oh ils ne sont pas parfaits, ils souhaitent gagner de l'argent mais proposent un système OUVERT quand nos "grands éditeurs" ont fermé, confisqué, l'édition (pour imposer un système où plus de 100 millions de bouquins finissent chaque année au pilon !)

Malgré votre récent tweet sur les belles promesses de l'auto-édition, vous ne vous êtes pas privée, depuis votre nomination, d'attaquer cette voie. Votre « *utopique* » devant le SNE par exemple où vous parliez d'industrie au sujet de l'édition (j'ai alors créé www.utopie.pro pour présenter une utopie professionnelle).

Non, madame la ministre, la littérature, ce n'est pas de l'industrie mais de l'artisanat. L'éditeur ne fait pas la littérature, il fait du commerce. Marcel Proust n'a pas eu besoin de Gallimard pour écrire son œuvre mais il a eu besoin de son réseau commercial pour qu'elle soit connue. Sénèque, Rabelais, La Fontaine, Homère, ont plus fait pour la littérature que M. Antoine Gallimard et M. Arnaud Lagardère, vos "grands héritiers préférés"...

Quand vous déclarez au Festival de la bande-dessinée d'Angoulême « *Le rôle de l'État est de garantir que cette mutation du marché ait lieu dans des conditions qui permettent de maintenir une juste rémunération des différents acteurs de la chaîne, et notamment des ayants droit, afin d'assurer le déploiement de modèles économiques permettant la production et la diffusion d'une offre éditoriale diversifiée.* » Je vous considère dans l'erreur : l'état n'a pas à privilégier les installés, n'a pas à bloquer le mouvement qui permettrait à un nouveau système économique, plus favorable aux auteurs, d'émerger. Quel conservatisme dans votre vision de l'état ! Vous qui avez signé des contrats d'édition, vous pensez réellement que la rémunération des auteurs soit "juste" dans la voie "traditionnelle" ? Vous pensez vraiment que l'offre éditoriale présente chez les libraires est diversifiée ?

En décembre 2011, vous déclariez encore *« J'aime l'idée qu'on peut faire de l'art sans moyens. »* Je le pense encore. Et j'ai dédié ma vie à la littérature, acceptant ainsi de vivre sous ce que nous appelons le seuil de pauvreté, depuis 1993. J'avais 25 ans, cadre dans une société d'assurance (pourtant né dans un "milieu défavorisé", agricole, premier enfant du village à obtenir le bac) j'ai négocié mon départ. Vivre sous le seuil de pauvreté me convient (en élevant quelques poules, cultivant un modeste jardin). Mais quand les charges sociales du travailleur indépendant (Urssaf, rsi...), de cette profession libérale qu'est l'auteur-éditeur, engloutissent quasiment l'ensemble des revenus, **que peut faire l'écrivain ? Quitter la France.**

Je pense avoir écrit quelques textes corrects, et faire correctement mon boulot d'écrivain, mériter ainsi un minimum de respect. Romans, essais, pièces de théâtre (certaines, parmi celles pour enfants, traduites en anglais et allemand ; mais quand l'ambassade de France en Biélorussie en fait représenter une, je ne touche pas un centime : vous pouvez féliciter l'ambassadeur d'ainsi œuvrer pour la culture française), textes de chansons (depuis 2001, je dénonce la sacem, oligarchie où le pouvoir est confisqué par moins de 5% des membres, les alliés des majors ; pourquoi aucun de mes trois "albums d'auteur" ne peut être diffusé dans ce pays où les médias suivent les majors ?). Mes photos intéressent également, un peu.

Pourtant, monsieur Martin Malvy, le grand homme socialiste de la région Midi-Pyrénées n'a, depuis 2002, pas daigné revoir les modalités d'attribution des bourses d'auteurs du CRL, tout en abreuvant abondamment les libraires et éditeurs, tout en fermant le salon du livre "Midi-Pyrénées" (Toulouse) aux indépendants.

La politique de la France amène les créateurs à devoir quémander des aides, car elle organise le marché au profit des intermédiaires. Exclure une profession de ces aides, c'est la condamner. Certains préfèrent penser que le talent doit se soumettre aux puissants mais ça me dérangerait de signer dans une maison du groupe Lagardère, même chez Stock, madame la romancière, Stock et les gros sabots de M. Jean-Marc Roberts qui aimerait tant un monde où les livres ne se vendraient qu'en librairies, des librairies naturellement où seuls peuvent entrer des œuvres qui passent par un distributeur contrôlé par les puissants groupes. Vous ne semblez pas avoir dénoncé cette déclaration ! Pas plus que celle de M. Arnaud Nourry sur l'auto-édition assimilée au compte d'auteur. Ces gens-là sont tellement importants pour l'édition française qu'ils peuvent balancer tranquillement ? « *Dans toute oligarchie se dissimule un constant appétit de tyrannie* » (Nietzsche) Auriez-vous signé dans une maison contrôlée par M. Ernest-Antoine Seillière ?

Il fut un temps où notre pays représentait une terre d'espoir et pour continuer d'écrire, vivre de mes ventes, je ne vois d'autre solution que l'exil, en Afrique. Dans une perspective stendhalienne, je lance mes derniers billets de loterie, un ultime essai racontant mes difficultés, le sixième roman et ouvre ma galerie www.galerie.me, plus des SOS. Oui, on peut « *faire de l'art sans moyens* » mais les marchands s'organisent pour nous rendre invisibles. Etes-vous la ministre des marchands ou celle des créateurs ?

Le "système des installés" a donc gagné : un écrivain qui ne se soumet pas aux oligarchies doit abandonner. J'ai naturellement lu "*les derniers jours de la classe ouvrière*" (après votre accession rue de Valois, roman acheté sur PriceMinister à 2 euros, donc moins cher que sa version numérique), et certes, je n'ai jamais pensé que vous alliez vous placer du côté des écrivains et adapter à notre confrérie, devant le parterre médusé du SNE, votre "*Voilà ce qui fait peur, parce que nous sommes le nombre, nous sommes la force, et eux ils sont la minorité qui nous exploite.*" "Ils sont la minorité qui nous exploite", réussirez-vous à placer cette phrase lors de l'inauguration du salon du livre de Paris ? Je vous lance ce défi ! Naturellement, vous ne m'y rencontrerez pas ! (si vous ajoutiez "*vive la révolution numérique ! vive l'auto-édition ! Vive Stéphane Ternoise en France !*" votre sortie n'en serait que plus marquante !)

Les écrivains indépendants sont les plus faibles dans l'univers du livre mais en vous plaçant du côté des puissants, vous passez du mauvais côté de l'Histoire. La révolution numérique viendra. Mon problème est de tenir jusqu'au jour où mes ventes seront suffisantes. Je tiendrai ici ou ailleurs ! Mais "être de gauche" ne signifie pas susurrer "oui monsieur" devant M. Malvy Martin ou M. Baylet Jean-Michel (que vient-il faire ici ? je vis dans le Lot et « *la dépêche du midi* » me semble un quotidien particulier, dirigé par le président du conseil général du département voisin, également président du PRG ; qui plus est, ayant débuté par Mme Sylvia Pinel, finir par l'héritier Baylet dénote une certaine logique), cela vous rappelle « *Il faut dire que le curé l'a braqué en lui répétant qu'il devait toujours respecter les maîtres, Monsieur le Directeur et*

296

Monsieur le Maire » ? Vous vous souvenez de votre « *il fallait suivre la ligne du Parti. Qui n'est pas avec nous est contre nous* » ?

Je n'ignore naturellement pas les difficultés de votre charge. Comme l'a reconnu votre prédécesseur juste avant son départ : « *C'est tellement lourd et long, chaque fois qu'on bouge, ça change les habitudes et les situations acquises de tant de gens.* » Votre feuille de route exige de protéger les situations acquises ? Naturellement, vous pourriez me reprocher d'avoir sorti des citations de leur contexte, votre roman, pour les placer dans notre vraie vie mais vous qui réagissez au nom de Wendel associé à un grand espace culturel, vous n'oubliez sûrement jamais que nos vies sont imbriquées dans un ensemble plus vaste. Vous avez cette "chance" de vous retrouver dans ce ministère à une période de transition : vos décisions, encore plus que celles de vos prédécesseurs, seront décortiquées (même vos tweets !), également à l'aune de votre premier roman...

Naturellement, il est difficile de vous résumer une situation particulière, en essayant de vous démontrer qu'elle pose un problème plus vaste, celui de la place de la Culture dans notre pays, une « exception culturelle » confisquée par une oligarchie. Mon départ de France pourrait sembler une bonne chose à certains. Mais l'Histoire nous observera...

Cette année encore, les bourses du CRL Midi-Pyrénées (M. Malvy Martin, également issu d'une "grande famille" lotoise, le grand-père était ministre de la guerre en 1914 et se fit encore remarquer lors de la suivante) ainsi que les

297

différentes aides d'état seront attribuées à des auteurs inféodés aux "éditeurs traditionnels." Vous souhaitez laisser perdurer cette distorsion de concurrence ?

Créateur de www.oligarchie.fr j'ai repris l'analyse d'Emmanuel Todd (qui rejoint les miennes mais il a la possibilité de médiatiser ses déclarations) « *la vérité de cette période n'est pas que l'État est impuissant, mais qu'il est au service de l'oligarchie.* » Tellement d'héritiers que ceux qui se faufilent entre les mailles du filet finissent par se fondre dans le moule pour ne pas être rejetés ?

Je sais bien que cette lettre ne sera pas publiée par *Libération*, ni *Le Monde*, pas même le *JDD*. Donc sa longueur ne fut pas formatée pour ces médias !

Je vous souhaite bon courage, madame Aurélie Filippetti. Je pense que certaines choses, parfois, doivent être bien difficiles. La fortune des Gallimard et Lagardère, le pouvoir des Malvy et Baylet, les médailles et les honneurs, je m'en balance complètement, ce que je souhaite, madame la ministre de la Culture, c'est simplement pouvoir écrire, lire et écrire, laisser une œuvre majeure. En France, dans le Lot, de préférence, ce département où j'ai choisi de vivre. À la campagne. Etonnant ?

Veuillez agréer, madame la Ministre, mes très respectueuses considérations.

Stéphane Ternoise
http://www.ecrivain.pro

http://www.romancier.net - http://www.dramaturge.net
http://www.essayiste.net

Contact postal :
Jean-Luc Petit - BP 17 - 46800 Montcuq - France
http://www.montcuq.info

Cette lettre fut réceptionnée le 25 février 2013 par le ministère de la culture et de la communication.

Annexe 3 : Une charte de qualité de l'auteur indépendant

Il n'est même pas besoin d'exhiber quelques textes inutiles auto-édités pour dénigrer l'auto-édition, pratique accusée de mettre sur le marché les pires médiocrités agrémentées des fautes les plus élémentaires d'orthographe ou grammaire, parfois même avec un style d'élève en difficulté du CM1.

Il s'avère néanmoins sûrement exact que les livres vraiment auto-édités dans une démarche professionnelle (mon exclusion de "l'auto-édition réelle" des auteurs qui ne respectent pas un minimum la littérature a toujours dérangé les prétendues belles âmes du secteur pour qui « tout est littérature ») contiennent en moyenne plus de fautes que les livres des éditeurs "traditionnels".

Il ne s'agit pas forcément d'une question de qualité des auteurs mais de moyens. Même le passage par les correctrices et correcteurs professionnels ne permet pas de présenter des œuvres sans erreurs, qu'avant on appelait d'imprimerie. Mais depuis que l'imprimeur reprend un document PDF pour lancer l'impression, les éditeurs qui utilisent encore cet argument misent sur la méconnaissance du grand public.

Monsieur Antoine Gallimard n'a pourtant pas de leçons de qualité à nous donner : la communauté des pirates du livre numérique s'était amusée à corriger l'ebook d'Alexi Jenni, *l'art français de la guerre*, prix Goncourt 2011. Après l'hypothèse de l'utilisation du document PDF imprimeur, mouliné par un logiciel de reconnaissance graphique pour fabriquer la version numérique, des lecteurs de la version papier ont informé le web que ces coquilles se trouvaient également dans leur épais bouquin.

La faculté de corriger rapidement sur l'ensemble du circuit de distribution un ebook constitue un avantage dont la portée ne semble guère avoir été analysée. Dans cette optique, j'ai décidé de récompenser les lectrices et lecteurs qui ne se contentent pas d'une moue de déception face aux erreurs mais les communiquent, en leur offrant un livre de leur choix du catalogue, trois formats disponibles (epub, pdf, amazon). Pas de papier offert ! Seule restriction, pour une question de taille des fichiers et vitesse de connexion à Internet d'un écrivain vivant à la campagne, ne pourront être envoyés que des ebooks dont la taille n'excédera pas cinq mégas, ce qui exclut les livres de photos (sauf ceux dont le PDF reste juste en dessous de la limite possible).

Naturellement, il ne vous faut pas réclamer ce livre ni envoyer les fautes constatées (réelles ! et non les choix comme mettre au pluriel un terme habituellement invariable ou reprendre une lettre d'un personnage dont les fautes d'orthographe constituent justement une caractéristique, ou même une libre violation des temps conseillés de conjugaison !) sur la plateforme d'achat mais à la page contact de www.ecrivain.pro en spécifiant le livre de votre choix, qui vous sera envoyé par mail après vérification des informations transmises.

Fautes réelles découvertes : un livre offert, l'engagement qualité de l'auto-édition.

Cette offre s'étend à l'ensemble de mon catalogue.

Annexe 4 : Notes durant la rédaction de ce texte

Ma vie est devenue une course irréalisable : essayer d'écrire l'ensemble des livres imaginés. Dans ma tête, sur des bouts de papiers, des centaines d'idées attendent... Ainsi, à côté de la structure de cet essai, jaillirent des remarques (parfois déjà exprimées autrement). Je pense qu'il serait dommage qu'elles ne soient jamais publiées. C'est peut-être dans ces petites notes que végètent des assemblages essentiels...

Taxer à 75% les revenus, c'est soutenir les plus riches : certains, partis de rien (oh bien peu, car c'est difficile de percer, sans être introduit, en France) gagnent énormément et peuvent ainsi élever leur niveau de vie ; pour d'autres, ces revenus frisent le naturel et s'ajoutent simplement au confortable matelas de départ, transmis par les parents. Taxer les revenus sans réellement s'attaquer aux patrimoines indécents, favorisera toujours les installés, l'oligarchie héréditaire. Au point que les nouveaux riches s'insèrent silencieusement dans l'oligarchie quand on les y accueille : ils redoutent trop de se retrouver sur la liste noire des infréquentables, exclus des affaires par "les vrais riches".

C'est à tout un système que Gérard Depardieu claque la porte, en s'en prenant à son premier représentant, François Hollande. Son coup de colère dépasse même ses propres motivations, naturellement complexes (causes réelles à rechercher dans les blessures plus que dans une idéologie).

En saupoudrant de mesurettes symboliques sa politique de soutien aux installés (les oligarques sont installés sur la pointe de cet oasis), François Hollande mécontente tout le monde, sauf naturellement celles et ceux qui se contentent du vent.

Partir légalement comme Gérard Depardieu, appliquer les lois comme Amazon, ces comportements dérangent madame la ministre, tout comme le mécénat culturel de Wendel. Les êtres humains réussissent rarement à assumer leurs fonctions dans l'intérêt général et en occultant leur propre passé. Il serait intéressant d'analyser le parcours de M. Martin Malvy à l'aune de celui de son grand-père ministre...

Bien que lotois, si Martin Malvy et Gérard Depardieu m'invitaient un week-end, j'opterais pour la Belgique plutôt que Figeac.

Contrairement à ce que penseront sûrement les intéressés s'ils me lisent (je doute qu'ils me lisent vraiment mais des commentaires pourraient leur parvenir, certains pourraient mandater un avocat pour vérifier qu'aucun passage ne relève de la diffamation) je n'ai pour eux aucune animosité (d'où sûrement l'absence de diffamation !). Ils sont les représentants d'un système. Ainsi le changement Nicolas Sarkozy, François Hollande n'en fut pas vraiment un.

Un artiste engagé sait qu'il ne doit surtout pas critiquer les patrons de presse ou "mécènes". Quand on a constaté cette propension à l'autocensure on sait que la tranquillité s'achète et l'on sourit sûrement des artistes engagés, à condition que ça ne leur coupe aucune subvention et ne les fâche pas avec les médias.

Les exilés fiscaux... Avec parfois un peu de ce mécénat si utile pour amadouer les langues des bons artistes...

Est-ce vraiment pour l'argent ou pour le mouvement que Gérard Depardieu quitte la France ?
Il arrive un moment où le mouvement permet de se donner la force de continuer.
C'est sûrement à cela que pense (plus ou moins consciemment, je ne la connais pas) Catherine Deneuve quand elle réplique au Philippe Torreton.

Quitter la France des oligarchies faute de parvenir à vivre décemment dans un pays gangréné par leur système. Quand les oligarchies vont trop loin, rendent intenable la situation des exploités, ils s'exposent à une révolution. Naturellement, les oligarques du vingt-et-unième siècle sont persuadés qu'il leur suffira, le jour où la situation deviendra critique, de quelques heures pour transférer l'ensemble de leur vie sous des cieux plus cléments.

Gérard Depardieu l'opposition "de droite", "des riches", Stéphane Ternoise celle des pauvres. Jamais président n'a suscité un tel questionnement (avant le rejet) de haut en bas dans le domaine de la Culture. Merci Martin. Merci Aurélie.

Toi président de la République...
Moi président de la République, il y aura un code de déontologie pour les ministres, qui ne pourraient pas rentrer dans un conflit d'intérêts.
Naturellement, on peut d'abord penser à monsieur Jérôme Cahuzac, toujours en poste alors qu'il semble que l'hypothèse présentée par certains médias nécessite des

investigations dans un domaine où il exerce un certain pouvoir. Mais qu'une ministre de la Culture ait pour éditeur une maison du groupe Lagardère à l'époque de la révolution numérique, n'éveille aucune question démocratique ?

Un artiste de gauche ? Ce n'est pas un artiste. L'artiste est ailleurs.

Monsieur Torreton ne s'exprimait pas encore dans les médias durant les bonnes années de Yannick Noah où le sportif préféra priver la France d'une taxation de ses revenus ?

Alors que le Président Hollande demande un « *comportement éthique* » quand Depardieu quitte le France, il mène ou soutient une politique discriminatoire dans le domaine du livre. Mais *La Dépêche du midi* ne semble pas observer l'information de cette manière.

Imaginez qu'un homme soit Président d'un Conseil Général et patron du grand quotidien régional. Imaginez qu'après avoir reçu de l'argent en subventions du Conseil Général, des associations achètent de la publicité dans le quotidien régional.
Si le Président Patron est membre de l'UMP, il est possible que la gauche hurle au détournement de fonds publics et autres indignations.
En France, il est possible d'être Président d'un Conseil Général, Président d'un Parti Politique, et patron d'un quotidien tout puissant dans sa région.
Moi Président, je demanderai au Parlement d'assainir les situations de possibles conflits d'intérêts entre les politiques et les médias. Non "il" n'a pas promis cela ?

Autre chance pour l'essai de la dernière chance

Dans sa version positive, cet essai est également publié sous le titre "*Essayer de rester en France malgré Martin Malvy, Aurélie Filippetti et les autres.*"
Sauf si vous souhaitez me soutenir (dans ce cas passez plutôt par http://www.utopie.pro rubrique "soutenir l'utopie" où il existe des moyens plus efficaces !), inutile de l'acheter.

La préface subit alors une petite retouche :

J'ai choisi de vivre dans le Lot en 1995. Je ne m'étais alors naturellement pas soucié du nom du président du Conseil Régional (pas plus que de celui du Conseil Général d'ailleurs).

La région était alors présidée, depuis 1987, par un certain Marc Censi, qui me pardonnera sûrement de ne pas le connaître. Passé par l'UDF, le PR (Parti républicain) puis DL (Démocratie libérale) pour finalement revenir à trois lettres, UMP.

Il s'agit désormais d'un vieil homme qui semble s'être retiré de la vie politique en quittant la mairie de Rodez en 2008, après 25 années à sa tête.
D'ailleurs, il est né en 1936, la même année que notre Malvy Martin, qui lui succéda en 1998 à la région.

Quand je lis la notice de monsieur Censi, immédiatement l'idée qu'il m'aurait peut-être répondu avec plus d'attentions, m'assaille. Étonnant non ? Ce n'est naturellement qu'une impression mais un homme qui réalise des sculptures de papier, collectionne les livres anciens de techniques de construction ainsi que les flûtes à bec ne doit pas être insensible aux combats des écrivains pour vivre dignement de leurs écrits, même s'il collectionne les armes anciennes.

Qui plus est, il fut membre de la *compagnie théâtrale des Comédiens au Chariot*. Qui ne m'a pas joué donc me pardonnera également de ne pas la connaître. Il est également auteur des fresques historiques "*Antoine Colinet, compagnon bâtisseur*" et "*Guilhem de Peire sur les chemins de Saint-Jacques*" dont j'ignorais l'existence. Comme quoi, il est difficile de se faire connaître dans ce milieu de la création !

Voilà qui méritait bien une dédicace de la version positive de "*Contrairement à Gérard Depardieu, dois-je quitter la France ? Exil littéraire au Burkina Faso pour les écrivains ?*" ainsi sous-titrée "*dédié à Marc Censi, Président de la région Midi-Pyrénées de 1987 à 1998*" avec l'intention de faire réfléchir sur le bilan de notre honorable socialiste avant même la fin de son troisième mandat.

Stéphane Ternoise

Stéphane Ternoise est né en 1968. Il publie depuis 1991. Il est depuis son premier livre éditeur indépendant.

Ses 14 premiers livres sont disponibles en papier dos carré collé

Théâtre pour femmes, 2010

Ils ne sont pas intervenus (le livre des conséquences), roman, 2009

Théâtre peut-être complet, théâtre, 2008

Global 2006, romans, théâtre, 2007

Chansons trop éloignées des normes industrielles et autres Ternoise-non-autorisé, 2006

Théâtre de Ternoise et autres textes déterminés, 2005

La Faute à Souchon ?, roman, 2004

Amour - État du sentiment et perspectives, essai, 2003

Vive le Sud ? (Et la chanson... Et l'Amour...), théâtre, 2002

Chansons d'avant l'an 2000, 120 textes, 1999

Liberté, j'ignorais tant de Toi, roman, 1998

Assedic Blues, Bureaucrate ou Quelques centaines de francs par mois, essai, 1997

Arthur et Autres Aventures, nouvelles, 1992

Éternelle Tendresse, poésie, 1991

Versant numérique...

http://www.ecrivain.pro essaye d'être complet, avec un "blog" (je préfère l'expression "une partie des chroniques"). Mais il ne peut naturellement pas copier coller l'ensemble des textes présentés ailleurs.

En ebooks, mes principales publications peuvent se diviser en trois versants : romans, essais, pièces de théâtre (il existe aussi des recueils de chansons et des livres de photos de présentation du Sud-Ouest).

Comprendre le développement numérique de la littérature m'a permis d'obtenir les domaines :

http://www.romancier.net

Peut-être un roman autobiographique y est à la une. Ce sont les lectrices et lecteurs qui décident de la vie d'une œuvre. Ce roman bénéficie d'excellentes critiques, régulières... mais de ventes lentes ! Un roman sûrement plus difficile d'accès que la moyenne. Pour un lectorat exigeant. La formation d'un écrivain ? La résilience, passée par l'amour, les amours.

http://www.dramaturge.net

Mes pièces de théâtre sont désormais parfois jouées. Elles sont toutes disponibles en ebooks.

http://www.essayiste.net

Le monde de l'édition décrypté, comme dans *Écrivains, réveillez-vous ? - La loi 2012-287 du 1er mars 2012 et autres somnifères ou Le livre numérique, fils de l'auto-édition.* Mais également l'amour analysé dans une perspective stendhalienne avec création du concept de sérénamour, *Amour - état du sentiment et perspectives* et la politique nationale, ses grandes tendances, ses personnages principaux...

Les 4 meilleures ventes d'un écrivain indépendant...

Ecrivain engagé dans le numérique, militant de l'ebook, c'est sur Amazon que se concrétisent mes meilleures ventes.

Elles sont présentées page
http://www.ecrivain.pro/meilleuresventes20120712.html

1) *Peut-être un roman autobiographique*
Le cinquième roman. Porté par de très bonnes critiques... reste en ventes lentes... mais quotidiennes...

2) *Le guide de l'auto-édition numérique en France (Publier et vendre des ebooks en autopublication)* (édition actualisée du 22 février 2012)
Il s'est (logiquement) imposé comme LA référence. Malgré certains critiques (bizarrement d'amis d'auteurs qui proposent un guide concurrent ?) je suis, quand même, le seul auteur pouvant s'appuyer sur vingt années d'expérience de l'auto-édition, de l'indépendance souhaitée.

3) *Le livre numérique, fils de l'auto-édition*
Une compréhension de la révolution du livre numérique, inscrite dans l'auto-édition historique qui n'est jamais parvenue à briser les barrières mises en place devant les médias pour que ne puissent être vues les œuvres indépendantes.

4) *Comment devenir écrivain ? Être écrivain ? (Écrire est-ce un vrai métier ? Une vocation ? Quelle formation ?...)*
Tout écrivain en herbe se doit de lire cette approche publiée fin juin 2012... Les lectrices et lecteurs qui souhaitent "comprendre" un écrivain peuvent naturellement s'y confronter ?

Catalogue numérique :

Romans : (http://www.romancier.net)
Ils ne sont pas intervenus (le livre des conséquences) également en version numérique sous le titre Peut-être un roman autobiographique
La Faute à Souchon ? *également en version numérique sous le titre* **Le roman du show-biz et de la sagesse (Même les dolmens se brisent)**
Liberté, j'ignorais tant de Toi également en version numérique sous le titre Libertés d'avant l'an 2000)
Viré, viré, viré, même viré du Rmi
Quand les familles sans toit sont entrées dans les maisons fermées
Ebook : trois romans pour le prix d'un livre de poche

Théâtre : (http://www.theatre.wf)
Théâtre peut-être complet
La baguette magique et les philosophes
Quatre ou cinq femmes attendent la star
Avant les élections présidentielles
Les secrets de maître Pierre, notaire de campagne
Deux sœurs et un contrôle fiscal
Ça magouille aux assurances
Pourquoi est-il venu ?
Amour, sud et chansons
Blaise Pascal serait webmaster
Aventures d'écrivains régionaux
Trois femmes et un amour
La fille aux 200 doudous et autres pièces de théâtre pour enfants
« Révélations » sur « les apparitions d'Astaffort » Jacques Brel / Francis Cabrel (les secrets de la grotte Mariette)
Théâtre 7 femmes 7 comédiennes - Deux pièces contemporaines
Théâtre pour femmes

Pièces de théâtre pour 8 femmes
Onze femmes et la star
Scènes de campagne, scènes du Quercy - Pièce de théâtre en onze tableaux avec six hommes et quatre femmes, distribution minimale 3H2F
Ebook pas cher : 15 pièces du théâtre contemporain pour le prix d'un livre de poche

Photos : (http://www.france.wf)
Cahier de photographe 2012 - Les cents photos de l'année d'un utopiste indépendant
Montcuq, le village lotois
Cahors, des pierres et des hommes. Photos et commentaires
Limogne-en-Quercy Calvignac la route des dolmens et gariottes
Saint-Cirq-Lapopie, le plus beau village de France ?
Saillac village du Lot
Limogne-en-Quercy cinq monuments historiques cinq dolmens
Beauregard, Dolmens Gariottes Château de Marsa et autres merveilles lotoises
Villeneuve-sur-Lot, des monuments historiques, un salon du livre... -Photos, histoires et opinions
Henri Martin du musée Henri-Martin de Cahors - Avec visite de Labastide-du-Vert et Saint-Cirq-Lapopie sur les traces du peintre
L'église romane de Rouillac à Montcuq et sa voisine oubliée, à découvrir - Les fresques de Rouillac, Touffailles et Saint-Félix
Golfech, c'est beau un village prospère à l'ombre d'une centrale nucléaire - Visite au pays de Jean-Michel Baylet et Sylvia Pinel

Livres d'artiste (http://www.quercy.pro)
Quercy : l'harmonie du hasard - Livre d'artiste 100% numérique
Les pommes de décembre - Livre d'art du sud-ouest

Essais : (http://www.essayiste.net)
Le manifeste de l'auto-édition - Manifeste politico-littéraire pour la reconnaissance des écrivains indépendants et une saine concurrence entre les différentes formes d'édition
Écrivains, réveillez-vous ? - La loi 2012-287 du 1er mars 2012 et autres somnifères
Le livre numérique, fils de l'auto-édition
Aurélie Filippetti, Antoine Gallimard et les subventions contre l'auto-édition - Les coulisses de l'édition française révélées aux lectrices, lecteurs et jeunes écrivains
Le guide de l'auto-édition numérique en France (Publier et vendre des ebooks en autopublication)
Réponses à monsieur Frédéric Beigbeder au sujet du Livre Numérique (Écrivains= moutons tondus ?)
Comment devenir écrivain ? Être écrivain ? (Écrire est-ce un vrai métier ? Une vocation ? Quelle formation ?...)
Copie privée, droit de prêt en bibliothèque : vous payez, nous ne touchons pas un centime - Quand la France organise la marginalisation des écrivains indépendants
Ebook de l'Amour
Amour - état du sentiment et perspectives

Chansons : (http://www.parolier.info)
Chansons trop éloignées des normes industrielles
Chansons vertes et autres textes engagés
68 chansons d'Amour - Textes de chansons
Chansons d'avant l'an 2000
Parodies de chansons
De Renaud à Cabrel En passant par Cloclo et Jacques Brel

En chti : (http://www.chti.es)
Canchons et cafougnettes (Ternoise chti)
Elle tiote aux deux chints doudous (théâtre)

Politique : (http://www.commentaire.info)
Ce François Hollande qui peut encore gagner le 6 mai 2012 ne le mérite pas (Un Parti Socialiste non réformé au pays du quinquennat déplorable de Nicolas Sarkozy)
Nicolas Sarkozy : sketchs et Parodies de chansons
Bernadette et Jacques Chirac vus du Lot - Chansons théâtre textes lotois
Affaire Ségolène Royal - Olivier Falorni Ce qu'il faut en retenir pour l'Histoire - Un écrivain engagé, un observateur indépendant
François Fillon, persuadé qu'il aurait battu François Hollande en 2012, qu'il le battra en 2017 (?)

Notre vie (http://www.morts.info)
La trahison des morts : les concessions à perpétuité discrètement récupérées - Cahors, à l'ombre des remparts médiévaux, les vieux morts doivent laisser la place aux jeunes...
Cahors : Adèle et Marie Borie contre Jean-Marc Vayssouze-Faure - Appel à une mobilisation locale et nationale pour sauver les soeurs Borie...

Jeux de société (http://www.lejeudespistescyclables.com)
La France des pistes cyclables - Fabriquer un jeu de société pour enfants de 8 à 108 ans

Autres :
La disparition du père Noël et autres contes
J'écris aussi des sketchs
Vive les poules municipales... et les poulets municipaux - Réduire le volume des déchets alimentaires et manger des oeufs de qualité

Œuvres traduites :

La fille aux 200 doudous :
The Teddy (Bear) Whisperer
Das Mädchen mit den 200 Schmusetieren

Le lion l'autruche et le renard :
The Lion, the Ostrich and the Fox

Mertilou prépare l'été
The Blackbird's Secret

Catalogue complet (papier et numérique) de Stéphane Ternoise sur http://www.ecrivain.in ou sur les plateformes qui le distribuent.

Table

Site officiel : http://www.ecrivain.pro

Présentation des livres essentiels :
http://www.utopie.pro

Dépôt légal à la publication au format ebook du 13 mars 2013 - révision janvier 2014 .

Imprimé par CreateSpace, An Amazon.com Company pour le compte de l'auteur-éditeur indépendant. **livrepapier.com**

ISBN 978-2-36541-503-3
EAN 9782365415033
Contrairement à Gérard Depardieu, dois-je quitter la France ? Exil littéraire au Burkina Faso pour les écrivains ? - Les conséquences des politiques d'Aurélie Filippetti, Martin Malvy, Gérard Miquel, François Hollande et les autres de Stéphane Ternoise
© **Jean-Luc PETIT - BP 17 - 46800 Montcuq - France**

www.ingramcontent.com/pod-product-compliance
Lightning Source LLC
Chambersburg PA
CBHW050506270326
41927CB00009B/1918